HILDEBRAND · A LESSON IN MOVIES

Aulis Verlag
Deubner

Bibliografische Information Der Deutschen Bibliothek

Die Deutsche Bibliothek verzeichnet diese Publikation in der Deutschen Nationalbibliografie; detaillierte bibliografische Daten sind im Internet über <http://dnb.ddb.de> abrufbar.

Best.-Nr. 5186

Titelgestaltung: *Sybille Hübener*
Printed in the European Community
ISBN 3-7614-2619-4

Inhaltsverzeichnis

Vorbemerkung

Die folgenden Ausführungen, Materialien und Aufgabenstellungen zielen auf eine eigenständige Behandlung der hier vorgeschlagenen Filme, ohne die Besprechung einer eventuell vorhandenen literarischen Vorlage vorauszusetzen. Es geht ganz bewusst um die Betrachtung der Filme als selbstständige Kunstwerke mit eigener Formsprache (auch Filmsprache oder Filmgrammatik genannt). Durch die Auseinandersetzung mit der Kunstform Film erweitern die Schüler ihre allgemeine interpretatorische Kompetenz und lernen insbesondere, die Formelemente der Filmsprache zu erkennen und zu funktionalisieren.
Eine zentrale methodische Entscheidung ist die Wahl zwischen der vollständigen und der verzögerten Präsentation des Films. Hierbei muss man sich vor Augen führen, dass die nicht bloß unterhaltende, sondern bewusst machende Rezeption eines filmischen Mediums ein hohes Maß an Aufmerksamkeit und Konzentration erfordert, die Schüler bei *einmaliger* Vorführung eines Films kaum aufzubringen bereit oder in der Lage sind (diese Bereitschaft entwickelt sich erst im Lauf der Jahre, und zwar umso schneller, je regelmäßiger diese Art der Rezeption trainiert wird). Wenn man sich außerdem die in den Kapiteln "Synopsis und Interpretation" gesammelten Beobachtungen vor Augen führt, wird deutlich, dass eine einzige Präsentation des Films nicht ausreichen wird, um diesen Erwartungshorizont zu erfüllen. Dennoch bieten sich grundsätzlich die folgenden Alternativen an:

1. Der Film wird in voller Länge vorgeführt, woraufhin im Unterrichtsgespräch die zentralen Themen und Szenen ausgewählt und noch einmal detailliert betrachtet werden. Für die Vorführung muss man mindestens 90 Minuten vorsehen, die nicht durch Gespräch, Sicherung oder Übung unterbrochen werden; aus lernpsychologischer Sicht erscheint diese Variante daher weniger geeignet. Zudem ist in den folgenden Sitzungen der Ausgang des Films bekannt, somit kein Spannungsbogen mehr vorhanden.

2. Der Film wird verzögert gesehen, d.h. Sequenz für Sequenz. Der Spannungsbogen des Films bleibt grundsätzlich erhalten, wenngleich dieser durch das "Zerstückeln" des Films nicht unwesentlich beeinträchtigt wird. Lernpsychologisch wichtiger erscheint die Tatsache, dass auf die hier kürzere Präsentation von Filmmaterial verschiedenartige Lernphasen folgen können.

Wird der Film lediglich als Verfilmung einer schon besprochenen Buchvorlage vorgeführt, bietet sich jedoch die erste Variante an, da die grundsätzliche Spannung ohnehin schon stark abgeschwächt ist. Hier kann man nach der vollständigen Präsentation des Films einen ersten Vergleich zur Vorlage anschließen und danach anhand einiger Kernszenen das Hör-Seh-Verstehen und die Filmanalyse trainieren (die Zahl der Übungen muss sich in Grenzen halten, da der Stoff sonst zu langweilen beginnt). Am Ende gelangt man so noch zu einer fundierten Bewertung des Films, bei welcher dieser allerdings durch den Einfluss der Lektüre natürlich nicht mehr eigenständig, sondern eben als Umsetzung eines literarischen Stoffes rezipiert wird.

Sowohl der Abschnitt "Synopsis und Interpretation" als auch die "Sequenztabelle" bieten für beide Ansätze eine Orientierungshilfe. Das Kapitel "Zentrale Szenen und ihre Inszenierung" nimmt vor allem die Filmsprache und Leitmotivik genauer unter die Lupe. Die "Aufgaben" bieten Möglichkeiten zu Übungen und zur Ergebnissicherung; sie eignen sich zum Einsatz vor, während und nach der Präsentation des Films bzw. einzelner Szenen.
Zweifellos wird man einen Schwerpunkt auf die Schulung des Hör- und Sehverständnisses legen. Die ausführlichen Vokabellisten bieten hierzu eine gute Unterstützung. (Zur gezielten

Übung eignen sich auch Lückentexte, die sich aus rechtlichen Gründen leider nicht mitliefern lassen.)
Im Allgemeinen empfiehlt es sich außerdem, eine DVD einzusetzen, so dass die englischsprachigen Untertitel eingeblendet werden können. Das Verständnis kann dann in unterschiedlicher Intensität trainiert und gesichert werden:

– durch Zusammenfassung einer Sequenz oder einzelner Szenen
– durch Ausfüllen von Lückentexten zu einzelnen Szenen
– durch vollständige Transkribierung einzelner Szenen (zunächst im Unterrichtsgespräch, dann zunehmend selbstständig).

Für den Unterricht empfiehlt sich z.B. folgende Abfolge von Lernschritten:

1. einleitender Impuls
2. erstes Vorführen der Sequenz
3. Sicherung des Grobverständnisses (orientiert an Leitfragen)
4. Training des Hör-Seh-Verstehens (mit weiterem Vorführen der Sequenz)
5. bei ausgewählten Szenen: filmanalytische Betrachtung (dito)
6. Interpretation (mit Hilfe vertiefender Leitfragen)

Wie hier deutlich wird, empfiehlt sich für die detaillierte Analyse des Filmes ein Methodenwechsel, zumal sich nicht alle Sequenzen eines Films für das Training des Hör-Seh-Verstehens oder eine Detailanalyse der Filmsprache anbieten. Je nach Eignung der Sequenz und Komplexität der in ihr enthaltenen Szenen kann der Schwerpunkt in den Phasen 4-6 variabel gesetzt werden.

Für das private Training empfehle ich meinen Schülern stets folgenden "Vierschritt":

1. Film in Deutsch ansehen
2. Film in Englisch mit deutschen Untertiteln ansehen
3. Film in Englisch mit englischen Untertiteln ansehen
4. Film in Englisch ohne Untertitel ansehen

Mit der Zeit sollten die Schüler in der Rezeption englischsprachiger Filme so sicher werden, dass sie direkt bei Schritt 3 (oder gar 4) einsteigen können.

1. Stand By Me (1986)

Die Verfilmung der *short novel* "The Body" gilt als eine der wenigen gelungenen Adaptionen einer Vorlage von Stephen King. Dies mag auch daran liegen, dass es sich nicht um eine Horrorgeschichte handelt, sondern um eine "story of initiation" mit großer Identifikationsfläche für jugendliche Rezipienten. Die einfühlsame Verfilmung von Rob Reiner wurde 1986 zum Überraschungserfolg in den Kinos. Dass Reiner für seine Regiearbeit bei den Oscar-Nominierungen keine Berücksichtigung fand, hat manche Kritiker verwundert.
Der Einsatz des Films bietet sich sowohl in der Mittelstufe als auch in der Jahrgangsstufe 11 an. In der Mittelstufe wird häufig die literarische Vorlage in der vereinfachten Version eines "Penguin Reader" (Upper Intermediate) gelesen.[1] Natürlich möchten die Schüler im Anschluss an die Lektüre gerne die Verfilmung sehen, was sich auch durchaus lohnt, wenngleich man detaillierte Vergleiche von Vorlage und Film wohl erst in der Jahrgangsstufe 11 durchführen kann. Dort sollte man das Original lesen, das in der Sammlung "Different Seasons"[2] enthalten ist, und kann die Behandlung in eine Reihe zu "Stories of Initiation" einbetten.
Thema von Buch und Film ist die Konfrontation mit dem Tod auf verschiedenen Ebenen: Die vier Jugendlichen ziehen aus, um die Leiche eines verschwundenen Jungen zu finden, und realisieren erst, als sie tatsächlich den toten Körper gefunden haben, was der Tod bedeutet. Eher zwischen den Zeilen wird die Konfrontation des jungen Gordie mit dem Tod seines Bruders beschrieben, der von den Eltern so schmerzlich vermisst wird, dass sich Gordie wie ein Unsichtbarer fühlt. Am Ende der Geschichte offenbart sich in der Rahmenhandlung ein weiterer schwerer Verlust, der die Botschaft abrundet: Die Erkenntnis, dass der Tod allgegenwärtiger Teil des Lebens ist, markiert die Grenze zwischen kindlicher Unschuld ("innocence" im Sinne von Nicht-Wissen) und der Welt der Erwachsenen.

1.1 Die Hauptfiguren

Gordie Lachance
Der erwachsene Erzähler der Geschichte und zugleich einer der vier Jungen, die ausziehen, die Leiche Ray Browers zu finden. Äußerlich eher zart, Gesicht wie ein scheues Reh. Leidet darunter, dass seine Eltern ihn nicht beachten, was noch schlimmer geworden ist, seit sein älterer Bruder Denny bei einem Autounfall ums Leben kam. Erfindet gerne Geschichten.

Chris Chambers
Der geheime Anführer der vier Jungen, kräftig und umsichtig, "erwachsen". Leidet unter seinem alkoholsüchtigen, gewalttätigen Vater und kämpft hartnäckig darum, dem schlechten Ruf seiner Familie zu entfliehen. Als Erwachsener wird ihm sein Hang, stets Frieden stiften zu wollen, zum Verhängnis.

Teddy Duchamp
Verrückt, liebt es, Zügen auszuweichen. Trägt eine starke Brille und hat zwei verbrannte Ohren, seit sein Vater Teddys Kopf auf den heißen Herd presste. Trotzdem ist er stolz auf seinen Dad, der den Strand der Normandie gestürmt hat, und wäre selbst gern Soldat.

Vern Tessio
Der Vierte im Bunde: schusselig, tollpatschig, leicht übergewichtig. Obwohl Vern der ängstlichste der Bande ist, bringt er die Suche nach der Leiche ins Rollen.

[1] Stephen King: The Body. Retold by Robin Waterfield. Penguin Readers 1999.
[2] Stephen King: Different Seasons. Signet 1995.

Ace Merrill
Anführer der Halbstarken von Castle Rock, zu denen u.a. Eyeball Chambers (Chris' Bruder) und Billy Tessio (Verns Bruder) gehören.

Milo Pressman and "Chopper"
Der Aufseher des Schrottplatzes von Castle Rock und sein berüchtigter Hund, den er auf jeden hetzt, der unbefugt das Gelände betritt. Entgegen der Gerüchte ist Chopper allerdings kein Menschenfresser, sondern bloß ein kleiner Kläffer.

1.2 Sequenztabelle

sequence	DVD chapters	plot
1: Back to 1959	01 (0:00:00-0:02:03) 02 (0:02:04-0:04:45) 03 (0:04:46-0:06:15) 04 (0:06:16-0:10:09)	Gordon Lachance remembers meeting at the tree house Vern reveals the whereabouts of Ray Brower's body the trip is being planned; Gordie remembers Denny
2: The Journey Begins	05 (0:10:10-0:13:38) 06 (0:13:39-0:16:18) 07 (0:16:19-0:18:01) 08 (0:18:02-0:19:01)	Chris and the gun; Ace takes the cap the boys set off Teddy wants to dodge a train the gang play mailbox baseball
3: The Dump	09 (0:19:02-0:23:42) 10 (0:23:43-0:25:43) 11 (0:25:44-0:30:36) 12 (0:30:37-0:31:57)	the boys enter the dump, have a grand time Gordie goes shopping; another memory of Denny meeting Chopper and his master the gang; Charlie almost gives away the secret
4: Teen Talk	13 (0:31:58-0:35:04)	Gordie and Chris talk about their future; Chris urges Gordie to become a writer
5: The Train	14 (0:35:05-0:40:24)	crossing the bridge, running from the train
6: Camping Out	15 (0:40:25-0:50:36) 16 (0:50:37-0:52:11) 17 (0:52:12-0:54:00) 18 (0:54:01-0:57:05) 19 (0:57:06-0:57:54)	smoking at the campfire; "Lardass Hogan" Teddy, Vern and Chris stand guard Gordie's nightmare: the funeral Chris talks about the milk money the deer
7: The Swamp	20 (0:57:55-0:59:21) 21 (0:59:22-1:00:40) 22 (1:00:41-1:04:51) 23 (1:04:52-1:05:59) 24 (1:06:00-1:07:06)	moving on to the Royal River Billy and Charlie reveal their secret to the gang the boys go for a swim; Gordie faints Gordie decides: the journey goes on the race
8: The Body	25 (1:07:07-1:11:10) 26 (1:11:11-1:15:50)	the boys find the body; Gordie's depression Chris stands up to Ace; Gordie saves him
9: Going Home	27 (1:15:51-1:19:00) 28 (1:19:01-1:21:43) without end titles	back to Castle Rock; Gordie and Chris stay together Chris dies; Gordon finishes his story

1.3 Synopsis und Interpretation

Sequenz 1: Back to 1959 (DVD chapters 01-04)
Der Film beginnt ruhig, was sich schon am sehr kurzen und unspektakulären Vorspann zeigt: Es werden lediglich der Name des Filmstudios und der Filmtitel als Text vor schwarzem Hintergrund eingeblendet.
Wie sich bald zeigen wird, gehören die Bilder der ersten Szene zu einer Rahmenhandlung: Wir sehen ein Auto am Rand eines Feldes, kurz darauf darin einen Mann Ende 30, der sehr nachdenklich wirkt. Auf dem Beifahrersitz liegt eine Zeitung mit folgender Schlagzeile: "Attorney Christopher Chambers Fatally Stabbed At Restaurant". Die Schlussfolgerung liegt nahe, dass der Mann diesen Christopher Chambers kannte und aufgrund seines Todes nachdenklich wirkt. Nun fahren zwei Jungen auf einem Fahrrad vorbei und wecken offensichtlich Erinnerungen, denn plötzlich hören wir die Stimme des Mannes im Voice-Over: "I was twelve, going on thirteen, the first time I saw a dead human being. It happened in the summer of 1959... a long time ago... but only if you measure in terms of years."
Eine Überblendung führt uns zurück: Wir sehen einen Jungen mit schmalem Gesicht und Rehaugen beim Kauf eines Comics – es ist der Erzähler in seiner Jugend. Seine erwachsene Stimme führt uns in die erinnerte Geschichte ein: Sie spielt in einer Kleinstadt namens "Castle Rock" in Oregon, die für den Jungen von damals die ganze Welt bedeutete. Hier beginnt die eigentliche Handlung des Films, erzählt in einer langen Rückblende.
Im Baumhaus in den Hügeln trifft der Junge zwei seiner Freunde, kurze Zeit später kommt ein dritter hinzu, und die Gruppe ist komplett: **Gordie Lachance** (der Erzähler), der ein wenig scheu wirkt und Geschichten schreibt; **Chris Chambers**, der unter dem schlechten Ruf seiner Familie leidet, aber aufgrund seiner natürlichen Autorität der Anführer der Gruppe ist; der verrückte **Teddy Duchamp**, dem sein Vater das Ohr am Herd verbrannt hat; und **Vern Tessio**, dessen besonderes "Geschick" durch eine Rückblende gezeigt wird: Er vergrub ein Glas mit gesparten Pennys unter der Veranda, malte eine Karte, welche die Mutter wegwarf, und gräbt seitdem Loch um Loch unter der großen Veranda, um seine Pennys wiederzufinden – bislang ohne Erfolg.
Diese Rückblende (gewissermaßen ein Flashback im Flashback) ist ebenso lustig wie wichtig, da sie die Handlung des Films anstößt. Beim Graben hat Vern seinen älteren Bruder Billy und dessen Freund Charlie belauscht und Aufregendes erfahren: Die beiden haben zufällig die Leiche Ray Browers entdeckt, eines Jungen, der nicht mehr vom Blaubeerpflücken heimgekehrt und seit nunmehr drei Tagen verschwunden ist. Offensichtlich hat ihn ein Zug getroffen und in die Büsche an einem entlegenen Bahndamm geschleudert.
Die vier Freunde wollen nun ihren Eltern erzählen, dass sie zelten, tatsächlich aber die Eisenbahnstrecke nach Harlow abwandern, um die Leiche des Jungen zu finden (daher der Titel der Vorlage von Stephen King: "The Body"). Sie träumen davon, in die Zeitung oder sogar ins Fernsehen zu kommen. Sie wollen Helden werden.
Gordies Enthusiasmus wirkt allerdings getrübt: Ihn wird zu Hause ohnehin niemand vermissen, da er zum "invisible boy" geworden ist, seit sein älterer Bruder Denny vier Monate zuvor bei einem Autounfall ums Leben kam. Seine Eltern kommen nicht über diesen Schicksalsschlag hinweg. Als Gordie seine Feldflasche aus Dennys Zimmer holt, erfolgt ein weiterer Flashback: Denny schenkt Gordie eine blaue Baseballkappe (die später noch von Bedeutung sein wird). Die Erinnerung wird durch Gordies Vater unterbrochen, der seinem Sohn Vorwürfe macht: "Why can't you have friends like Denny's ?" Gordie wehrt sich gegen die Behauptung, Chris sei ein Dieb, der in der Schule das Milchgeld gestohlen habe. Doch sein Vater beharrt auf seiner Meinung über Gordies Umgang.

Sequenz 2: The Journey Begins (DVD chapters 05-08)
Gordie und Chris treffen sich und gehen gemeinsam durch die Stadt. Dabei zeigt Chris Gordie eine Pistole, die er seinem Vater entwendet hat und die geladen ist – zu Gordies Überraschung, der sie nichtsahnend abfeuert. In der Stadt treffen sie Chris' älteren Bruder Eyeball, der mit dem Boss der örtlichen "Gang", Ace Merrill, unterwegs ist. Ace nimmt Gordie die blaue Baseballkappe ab, die ihm Denny geschenkt hatte. Daraufhin beleidigt Chris Ace, der ihn mit Hilfe einer brennenden Zigarette zwingt, die Beleidigung zurückzunehmen. Gordie bekommt die Kappe nicht zurück, im ganzen Film. Regisseur Rob Reiner begründete dies damit, dass Eyeball die Kappe eben nichts bedeutet habe und er sie wahrscheinlich hinter der nächsten Ecke weggeworfen habe.
Die vier Jungen treffen sich am Bahndamm und machen sich auf den Weg, den Gleisen folgend. Wenig später fällt ihnen auf, dass niemand an Proviant gedacht hat. Sie legen das wenige Geld zusammen, das sie haben, um später etwas kaufen zu können. Plötzlich hören sie einen Zug kommen. Während die anderen schnell das Gleis verlassen, bleibt Teddy stehen: Er will "Zugausweichen" ("train-dodging") spielen. In Anlehnung an seinen Vater, der angeblich in der Normandie gekämpft hat, "ballert" er auf den Zug und will erst in letzter Sekunden vom Gleis springen. Doch Chris zerrt ihn herunter, woraufhin es zum Streit zwischen den beiden kommt. Hier wird erneut deutlich, dass Chris der "erwachsene" Anführer ist, der nicht untätig zusehen kann, wenn jemand etwas Unsinniges oder Unrechtes tut – eine Eigenschaft, die ihm später, als Erwachsener, zum Verhängnis wird (siehe Sequenz 9).
Derweil spielen Charlie und Billy, Verns älterer Bruder, mit Ace und Eyeball "Briefkasten-Baseball". Charlie will sich interessant machen und Ace von der Leiche Ray Browers erzählen, aber Billy hält ihn zurück.

Sequenz 3: The Dump (DVD chapters 09-12)
Der Erzähler führt im Voice-Over in die nächste Sequenz ein, in der die vier Jungen den Schrottplatz erreichen, den sie auf ihrem Weg überqueren müssen. Der Besitzer des Schrottplatzes, Milo Pressman, soll einen gefährlichen Hund namens Chopper haben, der auf "balls" abgerichtet sein soll. Da der Platz erst um drei Uhr nachmittags geöffnet wird, ist von beiden noch nichts zu sehen. Teddy "stürmt" den Platz als erster. Im Gespräch zwischen Gordie und Chris wird deutlich, dass der Tod auch durch Chris' Träume spukt: Er hat einst Teddy das Leben gerettet, der beinahe von einem Baum gefallen wäre; in seinem Traum aber verfehlt Chris ihn immer wieder. Noch spukt der Tod nur durch die Träume der Kinder.
Die Jungen lassen sich zu einer Verschnaufpause nieder und genießen ihr Dasein. Der Erzähler kommentiert diese wunderbare Zeit erneut im Voice-Over: "It was grand." Nach der typischen Unterhaltung über die anatomischen Veränderungen bei den Mädchen aus der Schule wird Gordie ausgelost, um Proviant zu besorgen.
In dem Laden, in dem Gordie Hackfleisch für Hamburger kauft, erkennt ihn der Besitzer als Bruder von Denny Lachance. Die Erzählungen von Denny als begnadetem Footballspieler lösen einen weiteren Flashback aus: Wir sehen die Familie Lachance beim Essen. Der Vater spricht nur mit Denny; sein jüngerer Sohn Gordie, der eher schöngeistig orientiert ist und eine tolle Geschichte geschrieben hat, ist Luft für ihn.
Als Gordie zum Schrottplatz zurückkehrt, sind seine Freunde verschwunden. Dafür ist Milo Pressman da, der seinen Hund Chopper hinter Gordie her hetzt. Gordie erreicht den Zaun in letzter Sekunde; als er darüber geklettert ist, sieht er, dass Chopper keine gefährliche Bestie, sondern kaum mehr als ein kleiner Kläffer ist – Gordies erste Lektion über Legende und Wahrheit, und dennoch zugleich die erste direkte Konfrontation mit der Gefahr.
Daraufhin kommt es zum Streit zwischen Teddy und Milo, der Teddys Vater als "loony" bezeichnet, woraufhin Teddy durchdreht und Milo an die Gurgel will. Die anderen Jungen halten ihn zurück und versuchen Teddy zu trösten, während sie weiter marschieren. Teddy will aber nicht getröstet werden, vielleicht weil er insgeheim weiß, dass Milo Recht hat. Er ent-

schuldigt sich bei den anderen, weil er ihnen die gute Zeit verderbe, doch Gordie hat erkannt: "But going to see a dead kid, maybe it shouldn't be a party."
Noch einmal wechselt die Szene zu Ace Merrill und seinen Kumpanen, die "abhängen" und sich gegenseitig tätowieren. Beinahe verplappert sich Charlie wieder, aber Ace schöpft noch immer keinen Verdacht.

Sequenz 4: Teen Talk (DVD chapter 13)
Die Vier sind nun auf dem Weg zum Fluss, Teddy und Vern vorneweg, Chris und Gordie hinterdrein. Gordie fragt Chris, ob dieser ihn für seltsam halte. Chris bejaht und fügt abgeklärt hinzu, dass doch schließlich jeder seltsam sei. Er sieht auch voraus, dass ihre Wege sich trennen werden, sobald sie nach den Sommerferien auf die Junior High School gehen werden: Gordie werde die College-Kurse nehmen, während Chris und die anderen Aschenbecher und Vogelhäuser basteln müssten. Gordie schimpft, er wolle nicht zu den "Weicheiern", doch Chris reagiert energisch: Er redet auf Gordie ein, sich bloß nicht von seinen Freunden "runterziehen" zu lassen, sondern etwas aus seinen Möglichkeiten zu machen und Schriftsteller zu werden. Als Gordie die Schriftstellerei als Quatsch bezeichnet, entlarvt Chris diese Aussage als das Gerede von Gordies Vater, dem nur Denny etwas bedeutet habe, Gordie aber egal sei. Als Kontrast zu dieser Diskussion, in der schon recht erwachsene Gedanken geäußert werden, wechselt die Einstellung zu Teddy und Vern, deren Gespräch sich um Micky Maus und Superman dreht.

Sequenz 5: The Train (DVD chapter 14)
Angekommen an der hohen Brücke über den Fluss wird Vern unsicher: Wann kommt der nächste Zug ? Chris schlägt vor, über eine andere Brücke zu gehen, doch letztlich entscheiden sie sich gegen diesen Umweg. Chris und Teddy gehen zügig voraus, während Gordie bei Vern bleibt, der aus Angst auf allen Vieren über die Schwellen krabbelt (und dabei seinen geliebten Kamm verliert, der in die Tiefe fällt; ein Opfer, das er zum Bestehen der Prüfung bringen muss). Als sie etwa die Hälfte der Brücke überquert haben, kommt tatsächlich ein Zug und jagt die beiden über die Brücke. Gordie drängt den verängstigten Vern verzweifelt dazu, endlich aufzustehen und zu rennen, aber Vern klammert sich an die Gleise. Chris und Teddy erreichen sicher die andere Seite, und als der Zug schon auf der Brücke ist, steht auch Vern endlich auf. Er und Gordie rennen um ihr Leben, und in letzter Sekunde können sie sich mit einem Sprung in die Böschung in Sicherheit bringen.

Sequenz 6: Camping Out (DVD chapters 15-19)
Die folgende Sequenz zeigt die nächste Station auf der Reise der Helden: das Lagerfeuer, an dem die Jungen von den Strapazen ausruhen. Gordie, der Geschichtenerzähler, muss die Story von "Riesenarsch Hogan" zum Besten geben, der sich für die Veräppelung seiner Fettleibigkeit auf sehr unappetitliche Weise beim Kirschkuchen-Wettessen rächt. Diese Geschichte wird als Einschub in die Lagerfeuer-Szene präsentiert. Die weiteren Gespräche drehen sich um die Dinge, die Jungs interessieren, "until you discover girls", wie der erwachsene Erzähler kommentiert. Als Wolfsgeheul ertönt und Vern Angst bekommt, teilen sie Wachen für die Nacht ein. Während Chris' Wache träumt Gordie schlecht: Ein weiterer Einschub (mit ausgebleichtem Bild und Weichzeichner) zeigt das Begräbnis seines Bruders. In diesem Traum zeigt sich deutlich, was Gordie bedrückt, als sein Vater ihm offenbart: "It should have been you, Gordon."
Gordie schreckt aus dem Schlaf hoch. Vielleicht, weil er seinen Bruder so vermisst und eine "starke" Bezugsperson sucht, schlägt er Chris vor, nach dem Sommer doch mit ihm die College-Kurse zu besuchen. Chris glaubt, dass man ihm das nicht erlauben werde, weil er eben ein Kind der berüchtigten Chambers-Familie sei. Als Beweis gesteht er, zwar tatsächlich das Milchgeld in der Schule gestohlen zu haben, deutet aber an, dass er es zurückgebracht habe,

die Lehrerin es allerdings unterschlagen und sich ein neues Kleid gekauft habe. Als Mitglied einer verrufenen Familie bekomme man einfach keine Chance.
Am nächsten Morgen hat Gordie ein Erlebnis, das ihn so berührt, dass er es ganz für sich behalten will: Plötzlich steht ein Reh neben ihm, jung und unerschrocken. Das Schuss-Gegenschuss-Verfahren, das einmal Gordies Gesicht und dann den Kopf des Rehs zeigt, verdeutlicht hier die "Verwandtschaft" der beiden. Es ist das letzte Bild der Unbekümmertheit und Unschuld, die Gordie an diesem Tag endgültig verlieren wird. Als der nächste Zug kommt, verschwindet das Reh, und die Jungen brechen wieder auf.

<u>Sequenz 7: The Swamp (DVD chapters 20-24)</u>
Die Wanderung der Vier geht weiter in Richtung Royal River, und die Vorstellung, den toten Körper Ray Browers zu sehen, wird für Gordie zur "obsession". Bald steht wieder eine Entscheidung an: durch das Feld und den Wald direkt hinunter zum Fluss, oder weiter den Gleisen folgen, was jedoch einen großen Umweg bedeuten würde. Sie entscheiden sich für den kürzeren Weg.
Derweil wird in zwei kurzen Einschüben gezeigt, wie Billy und Charlie, die ihr Geheimnis gerade einmal 36 Stunden lang bewahrt haben, Ace und Eyeball von der Leiche des Jungen erzählen. Die Gang bricht auf.
Mittlerweile sind die vier Jungen in einem Sumpf gelandet. Eine Wasserstelle, scheinbar flach genug zum Durchwaten, entpuppt sich als Brutstätte von Blutegeln. Einer der Egel hat sich bei Gordie an einer sehr empfindlichen und peinlichen Stelle festgesetzt, und er fällt in Ohnmacht... Als kurz darauf diskutiert wird, ob sie nicht besser umkehren sollen, spricht Gordie ein Machtwort: Die Reise geht weiter, er will unbedingt das Ziel erreichen. Auch die Älteren sind auf dem Weg, wobei Ace in einem Verfolgungsrennen beweist, dass er vor nichts zurückschreckt und kaltblütig das Leben anderer aufs Spiel setzt. Sein Sieg lässt für die drohende Konfrontation zwischen den beiden Gruppen Böses ahnen...

<u>Sequenz 8: The Body (DVD chapters 25-26)</u>
Die vier Jungen sind weiter den Gleisen gefolgt und haben nun den Waldweg nach Harlow erreicht. Kurz darauf entdecken sie links von den Gleisen, am unteren Rand der Böschung und halb im Dickicht verborgen, die Leiche des Jungen. Der Fund ergreift die Kinder sichtlich, jetzt erst realisieren sie, was "tot" bedeutet. Gordie trifft es am deutlichsten. Der Anblick des toten Jungen bringt die Frage heraus, die er sich seit Monaten stellt: "Why did Denny have to die ?" Diesmal weiß auch Chris keine Antwort. Als Gordie seiner Verzweiflung freien Lauf lässt ("My Dad hates me.") und in Tränen ausbricht, versucht Chris ihn mit der Aussicht zu trösten, dass er eines Tages bestimmt Schriftsteller werden, und vielleicht sogar über genau dieses Abenteuer schreiben werde (eine schöne Anspielung, die auf autobiographische Züge der literarischen Vorlage hindeutet).
Plötzlich sind Ace und Konsorten da. Es kommt zum unausweichlichen Streit, weil Chris sich nicht einfach verscheuchen lassen will. Zwar haben Billy und Charlie die Leiche gefunden, aber Chris meint, er und die anderen Jungen hätten die größere Leistung vollbracht, da sie zu Fuß bis hierher gekommen seien. Als Billy seinen jüngeren Bruder Vern erblickt und auf ihn losgehen will, ergreift dieser die Flucht. Ace gibt den Vieren eine letzte Chance zu verschwinden, doch Chris gibt nicht nach, im Gegenteil, er beleidigt Ace. Dieser zückt das Messer: "You're dead."
Doch als er auf Chris losgeht, kracht ein Schuss: Gordie hält die Pistole von Chris' Vater in den Händen. Er richtet sie auf Ace und hält auch dessen Drohungen ("We're gonna get you for this !") stand. Es wird klar, dass er abdrücken würde, sollte Ace ihm oder Chris zu nahe kommen. Nach einer weiteren Drohung ("This is big time, baby.") zieht die Gang tatsächlich ab.

Der Zwischenfall hat die Jungen ernüchtert. So widerspricht niemand Gordies Entscheidung, die Leiche nur zu bedecken, statt sie selbst abzutransportieren, ins Fernsehen zu kommen und "Helden" zu werden. Der erwachsene Erzähler berichtet im Voice-Over, dass sie der Polizei den Fundort am Ende durch einen anonymen Anruf übermittelten. Hier zeigt sich, dass sich in ihnen der entscheidende Wandel vollzogen hat, der den Übergang in die Welt der Erwachsenen vorbereitet: Sie sind nun nicht mehr "innocent" im Sinne von unwissend, sondern haben dem Tod ins Auge gesehen und wissen, was er bedeutet.

Sequenz 9: Going Home (DVD chapters 27-28)

Die Begegnung mit der Leiche Ray Browers beschäftigt die Jungen noch auf dem Rückweg, sie sprechen kaum und wandern die Nacht hindurch. Nach der Ankunft in Castle Rock trennen sich ihre Wege, als erster geht Vern (und findet einen neuen Penny), dann Teddy. Der Erzähler berichtet, dass sie sich bald immer weniger sahen und Vern und Teddy schließlich nur noch "two more faces in the halls" waren.

Gordie und Chris gehen noch einmal gemeinsam zum Baumhaus zurück. Chris kontempliert mit Blick auf die Häuser, dass er wohl nie aus dieser Stadt herauskommen werde. Jetzt ist es Gordie, der ihn bestärkt und versichert, dass ihm alle Wege offen stünden. Tatsächlich berichtet der Erzähler, dass Chris es geschafft habe, aus der drohenden Chancenlosigkeit herauszukommen, mit ihm die College-Kurse besucht habe und schließlich Anwalt geworden sei. Derweil entfernt sich der junge Chris von Gordie. Und während der Erzähler berichtet, dass der erwachsene Chris Chambers bei dem für ihn typischen Versuch, einen Streit zu schlichten, erstochen worden sei (wodurch die Bedeutung des Zeitungsartikel aus der ersten Szene geklärt wird), verschwindet Chris langsam aus dem Bild, wird ausgeblendet.

Ein Schnitt auf einen Computermonitor verwirrt zunächst. Da auf dem Bildschirm die Worte stehen, die eben noch der Erzähler gesprochen hat, wird jedoch schnell klar, dass hier der erwachsene Erzähler beim Schreiben der Geschichte zu sehen ist – es muss Gordie sein, und so schließt sich die Rahmenhandlung. Sein Sohn kommt mit einem Freund herein und erinnert daran, dass sie bereits seit einer Stunde warten; er erklärt seinem Freund, dass sein Vater immer seltsam sei, wenn er schreibe. So wird am Ende des Films noch einmal Chris' Einschätzung aufgegriffen, dass Gordie tatsächlich "weird" sei – im positiven Sinne.

Die abschließenden Sätze werden in der Originalfassung nur getippt, in der deutschen Synchronfassung natürlich begleitend übersetzt: "Although I hadn't seen him in more than ten years, I know I'll miss him forever." Die letzte Wahrheit folgt nach der Unterbrechung durch die Kinder in einem eigenen, letzten Absatz: "I never had any friends later on like the ones I had when I was twelve. Jesus, does anyone ?"

Somit wird am Ende noch einmal ausgesprochen, was der Film gezeigt hat: Die Kindheit ist eine einzigartige Zeit. Sie endet mit der Erkenntnis der eigenen Sterblichkeit. Ist diese Erkenntnis einmal erreicht, gibt es kein Zurück mehr in die Unschuld des Kindseins.

Zum endgültigen Schluss schaltet der zufrieden lächelnde Gordie seinen Computer aus und geht mit den Kindern spielen. So schließt sich der Kreis. Der Song "Stand By Me" setzt ein, begleitet von den Einblendungen des Abspanns.

1.4 Zentrale Szenen und ihre Inszenierung

In "Stand By Me" geht es vordergründig um das Abenteuer von vier Jungen, tatsächlich aber um ihre Initiation an der Schwelle zum Erwachsenwerden: Sie laufen zum ersten Mal von zu Hause weg, distanzieren sich zunehmend von ihren Eltern, finden Stärke bei Freunden, verlieren jedoch zugleich ihre Illusionen über das Leben, geraten mit Stärkeren in Konflikt und realisieren schließlich, was es heißt, tot zu sein. Vor diesem thematischen Hintergrund sind die folgenden Szenen von besonderer Bedeutung.

Denny's Room (DVD chapter 04)
In dieser Szene wird Gordie zu Hause gezeigt. Während der Erzähler im Voice-Over kommentiert, dass die Eltern den Verlust Dennys noch nicht verwunden hätten, sucht Gordie in Dennys Zimmer nach seiner Feldflasche und erinnert sich an den toten Bruder, der deutlich älter war und mit dem ihn ein inniges Verhältnis verband. Tatsächlich führt die Szene in Gordies Konflikt ein: Er hat mit dem Bruder den Halt verloren, den ihm der Vater nie geben konnte und die Mutter nicht mehr geben kann: Sie wirkt durch den Verlust des erstgeborenen Sohnes wie paralysiert. Der Vater wirft Gordie vor, nicht solche Freunde wie Denny zu haben, sondern sich stattdessen mit Dieben und Dummköpfen abzugeben. Hier wird deutlich, dass Gordie zu Hause keine Unterstützung findet, und so ist es nur logisch, dass er sich seinen Freunden zuwendet. Die Abgrenzung vom Elternhaus scheint schon begonnen zu haben.
Interessant ist auch die filmische Gestaltung. Zu Beginn der Szene verdeutlicht eine **Halbtotale** (full shot/medium long shot) die Distanz zwischen Gordie und seinen Eltern. Dabei steht die Mutter im Vordergrund, damit ihre apathische Haltung für den Zuschauer sichtbar wird. Gordie ist dagegen im Hintergrund kaum zu erkennen.

Es folgt eine kurze Sicht aus Gordies Blickwinkel hinab auf seinen Vater **(POV shot)**, der Gordie verrät, wo er die Feldflasche finden könne, dabei aber nicht zu seinem Sohn aufsieht. In der folgenden **Naheinstellung** (close shot) wird Gordies betretenes Gesicht deutlich, in dem sich Frustration spiegelt – sowohl über die familiäre Situation als auch aufgrund der Aussicht, in das Zimmer des toten Bruders gehen zu müssen.

Dort fällt zunächst die Wahl der **Kameraposition** auf: Statt Gordie z.B. in einer Über-Schulter-Perspektive zu folgen, befindet sich die Kamera (und somit der Zuschauer) bereits im Raum, als Gordie ihn betritt. Auf diese Weise kann der Eindruck entstehen, dass sich jemand in diesem Raum befindet: wenn auch nicht der Geist Dennys, so doch die Erinnerungen an ihn. Diese Wirkung wird durch drei **kurze, subjektiv wirkende Naheinstellungen** (close POV shots, fast cuts) auf Andenken an Denny (Fotos, Pokale, Wimpel) verstärkt. Nachdem Gordie die Flasche aus dem Schrank geholt hat und einen Moment innehält, ertönt plötzlich aus dem Off die Stimme Dennys. Unmittelbar darauf beginnt die **Rückblende** (flashback), die durch das gedämpfte und beruhigend wirkende **Hauptlicht** (key light) einen klaren Kontrast zur hellen, kalten "Gegenwart" darstellt. Hier wirkt der **"low key lighting style"** nicht verunsichernd, sondern eher beruhigend und harmonisierend. Zudem unterstützt die Wahl **naher Einstellungen** während des Gesprächs den Eindruck einer engen Beziehung zwischen den beiden Brüdern.
Dass Gordies schöne Erinnerung abrupt durch die Stimme des Vaters abgebrochen wird, die noch vor dem Schnittwechsel ertönt, bereitet die disharmonische Stimmung des folgenden Gesprächs vor, in dem sich der Vater durch seine Vorwürfe – auf irritierend verletzende wie resignative Weise – von seinem Sohn distanziert.

<u>The Gun And The Cap (DVD chapter 05)</u>
Diese Szene ist von zentraler dramaturgischer Bedeutung, da sie die erste Begegnung mit Ace enthält, dem Antagonisten. Er verkörpert die Bedrohung, hinter der sich die wahre antagonistische Kraft verbirgt, die Gordie und die anderen konfrontieren müssen: der Tod.
Vorbereitet wird der Ernst durch den Zwischenfall mit der Pistole, die Chris mitgebracht hat und die Gordie versehentlich auslöst. Der Schreck, den der plötzliche Schuss bei Gordie auslöst, überträgt sich in einer **frontalen Nahaufnahme** der beiden Jungen auf den Zuschauer, der kurz darauf auch noch durch die Begegnung mit Ace und Chris' Bruder Eyeball überrascht wird. Im folgenden Streitgespräch wird zweierlei deutlich: Chris steht unerschrocken seinen Mann und gibt erst auf, als Ace ihn ernsthaft zu verletzen droht; er zeigt Stärke und Risikobereitschaft, die sich in seinem späteren Leben allerdings als fatal entpuppt. Zudem wird Ace als brutal und skrupellos eingeführt. Die Einschübe im Verlauf des Films, die ihn und seine Gang zeigen, vertiefen den Eindruck, dass er zu allem bereit ist. Dadurch weiß der Zuschauer, als Ace in der finalen Konfrontation gegen Chris das Messer zieht, dass Ace tatsächlich bereit ist, Chris zu töten (siehe Sequenz 8).
Filmsprachlich liefert die Szene keine Besonderheiten; es überwiegen **nahe Einstellungen** aufgrund der logischen Konzentration auf den Dialog und die Bedrohung Chris' durch die Zigarette.

<u>Invisible Boy (DVD chapter 10)</u>
Für das Verständnis von Gordies Konflikt ist hier der erneute **Flashback** interessant, der sowohl die Erinnerung an den geliebten Bruder als auch die Probleme mit dem Vater zeigt. Der Rückblick wird eingeleitet durch die Kommentare des Ladenbesitzers, der Gordie als jüngeren Bruder von Denny Lachance erkannt hat: Dem Hinweis auf die Allgegenwart des Todes folgt die Bemerkung, dass Gordie seinem Bruder ähnlich sehe. Was kann das bedeuten ? Dass der Bruder in Gordie weiter lebt, oder dass auch (oder gerade) Gordie jederzeit dem Tod ins Auge sehen könnte ? Oder einfach, dass Gordie bloß über den Bruder definiert wird ?
Die folgenden Schwärmereien des Ladenbesitzers über Dennys Footballspiel lösen die Erinnerung an ein gemeinsames Essen aus, das durch einen leichten **Weichzeichner** (soft focus) gezeigt wird. Gordies Stellung in der Familie wird nicht nur dadurch erkennbar, dass sein Vater ihm keinerlei Beachtung schenkt, sondern auch durch die **Bildkomposition**: Gordie sitzt am weitesten von seinem Vater entfernt, aber neben dem Bruder, mit dem er mehrfach zusammen in einer **nahen Einstellung** gezeigt wird.

So wird der Zusammenhalt der Brüder visualisiert, an dem auch der Vater mit seiner Hartnäckigkeit in Bezug auf Football abprallt. Durch Dennys Tod ist Gordie diese wichtige Stütze, dieser Puffer zwischen sich und dem scheinbar gefühllosen Vater genommen worden.
Die Frage des Ladenbesitzers, ob er auch Football spiele, holt Gordie zurück in die Gegenwart. Seine Verneinung zementiert die Erkenntnis, dass Gordie anders ist, als sein Bruder es war, und so auch die Erwartungen des Vaters nicht erfüllen kann. Er scheint nichts Gleichwertiges anzubieten zu haben, er kann dem Ladenbesitzer auch nicht sagen, dass er Geschichten schreibt. Erst Chris wird – als Ersatz für den abweisenden Vater – dafür sorgen, dass Gordie auf seinem Talent zum Geschichtenerzähler ein Selbstbewusstsein aufbaut.

Chopper And His Master (DVD chapter 11)
Dies ist eine ebenso spannende wie filmanalytisch interessante Szene. Schon die erste Einstellung, in der Gordie erst nach einigen Sekunden um die Ecke auf den Schrottplatz biegt, suggeriert durch die **Kameraposition**, dass dort etwas auf ihn wartet. Die Spannung wird erhöht, indem Gordie stehen bleibt und plötzlich verunsichert wirkt – der Zuschauer kann aber nicht sehen, woher die Verunsicherung rührt. Die folgende Einstellung ist ein **halbtotaler POV shot** (medium long point-of-view shot) aus Gordies Sicht und verstärkt die Identifikation des Zuschauers mit der Figur: Wir sehen die Stelle, an der die vier Jungen zuletzt gemeinsam saßen, doch dort ist niemand mehr zu sehen. Gordie beginnt zu suchen und bleibt schließlich wieder stehen, wobei wir – vor ihm – im Hintergrund in einer **Halbtotalen** (medium long shot) die Gefahr sehen: dieser Mann muss Milo Pressman sein, der mit seinem grausamen Hund Chopper den Schrottplatz bewacht. Ein weiterer **POV shot als Totale** (long POV shot) zeigt, wie Chris, Teddy und Vern auf der anderen Seite des Schrottplatzes über den Zaun klettern und somit der Gefahr entkommen, die Gordie noch gar nicht wahrgenommen hat. Zwischen beide Figurengruppen wird somit die größtmögliche Distanz gelegt: die Freunde sind weit weg, bereits hinter dem Zaun, aus der Gefahr – doch Gordie befindet sich mitten im Zentrum der Gefahr, und sein Feind ist direkt hinter ihm. Es handelt sich allerdings vorerst nur um einen untergeordneten Vertreter der antagonistischen Kraft, eine Art "Schwarzen Mann", vor dem lediglich Kinder Angst haben. Mit Blick auf die Dramaturgie des populären Films befindet sich der Protagonist hier noch in der Phase "Test, Allies, Enemies – Experimenting With First Change" (siehe hierzu auch Kapitel 5).

Natürlich wird Gordie entdeckt, und die erste Verfolgungsjagd beginnt. Wir sehen zunächst, wie Milo losläuft, und dann Gordies Flucht in **leicht seitlicher, halbnaher, paralleler Verfolgung** (medium parallel tracking shot), welche seine Geschwindigkeit und verzweifelte Anstrengung deutlich sichtbar macht.
Im Hintergrund hört man die Drohungen Milos, den Hund auf Gordie zu hetzen, und zugleich sehen wir in **Parallelmontage** (cross-cutting), wie Chris, Teddy und Vern ihren Freund anfeuern, ihm aber nicht helfen können, wodurch die Spannung wiederum intensiviert wird. Die folgende **frontale Großeinstellung** (head and shoulder close-up) macht Gordies Angst sehr deutlich.

Die Teilnahme des Zuschauers wird weiter dadurch erhöht, dass Gordie nun **frontal und in Zeitlupe** gezeigt wird (frontal slow motion shot): Der Zuschauer sieht vollständig sein angstverzerrtes Gesicht, noch dazu wird die Zeit bis zur Auflösung des Konflikts gedehnt. Der Erzählerkommentar durchbricht einerseits die Spannung, weil er klar macht, dass Gordie dieses Abenteuer natürlich überlebt, andererseits erhöht sich die Dramatik, weil der junge Gordie glaubte, um ganz besondere Körperteile fürchten zu müssen.
Drei recht schnelle Schnitte zeigen den schreienden Gordie, jetzt sogar in **Detailaufnahme** (extreme/choker close-up), dann einen besonders gelungenen **POV shot** aus Gordies Sicht, der seinen Lauf auf den Zaun zu verdeutlicht, und eine **Detailaufnahme** seiner rennenden Füße. Der Zuschauer erschrickt, als Gordie dann zunächst an den Zaun schlägt, bevor er zu klettern beginnt, zumal wir wieder nur sein Gesicht sehen, aber nicht, was hinter ihm passiert. Bis hierhin weiß der Zuschauer immer noch nicht, wie Chopper aussieht.
Nachdem die Spannung hier ihren Höhepunkt erreicht hat, löst sie sich in den folgenden, schnell geschnittenen Einstellungen. Sie zeigen, dass der vermeintliche Höllenhund vergleichsweise harmlos ist. Gordie hat hier die erste, lediglich scheinbare Begegnung mit dem Tod überwunden und somit die erste Prüfung der Initiation überstanden. Der Streit mit Milo Pressman kann als letztlich unbedeutende "Wiederauferstehung" der antagonistischen Kraft gesehen werden, die sich eher auf Teddy und seinen Vater-Komplex, mithin auf einen Nebenstrang des Plots konzentriert.

Teen Talk (DVD chapter 13)
Chris tritt hier an die Stelle des Vaters, der seiner Meinung nach Gordies Erzähltalent fördern sollte, statt ihn links zu lassen. Während die Kamera die beiden frontal in **gleichbleibend naher Einstellung** zeigt und ihrer Bewegung folgt, hält sie die Aufmerksamkeit des Zuschauers auf den Dialog der Jungen gerichtet. Auslöser für den zentralen Teil des Gesprächs ist Chris' Bemerkung, dass sich ihre Wege auf der Junior High School wohl trennen werden. Während er die eigenen Chancen als Mitglied einer verrufenen Familie realistisch einschätzt, zeigt Gordie eine verständliche Reaktion: Er will mit Chris und den anderen zusammen bleiben, statt die höher qualifizierten Kurse zu besuchen. Chris bezeichnet diese Haltung schonungslos als "asshole". Eine **Parallelmontage** (cross-cutting) verdeutlicht den Unterschied zu den anderen beiden Jungen: Vern und Teddy unterhalten sich über Comicfiguren. Auf diese Weise wird auch betont, dass Chris nicht zu solchen Verlierern gehören sollte, die bald Aschenbecher und Vogelhäuser basteln werden. Denn mit erstaunlicher Klarheit erkennt Chris in Gordies Ansicht, seine eigenen Geschichten seien nichts als "a stupid waste of time", einen Reflex auf die ablehnende Haltung seines Vaters. Chris' Versprechen, sich um Gordie zu kümmern, falls seine Eltern das nicht schafften, markiert eine typische Entwicklung im Leben von Heranwachsenden: Freunde werden wichtiger und treten zumindest in der Wahrnehmung mancher Jugendlicher an die Stelle der Eltern – vor allem, wenn diese keinen Halt bieten.

The Train (DVD chapter 14)
Die folgende Szene, die einen der beiden Spannungshöhepunkte des Films bildet, beginnt mit einer **Naheinstellung** (close shot) auf die Rücken der Jungen, die sich einer Eisenbahnbrücke nähern und schließlich stehen bleiben. Aus einer **Sicht leicht unterhalb** der gedachten Augenhöhe der Jungen bewegt sich die Kamera in eine **totale Aufsicht (from low angle close shot to high angle long shot)**, um gleich zu Beginn der Szene zu zeigen, welche Aufgabe den Jungen nach dem Durchqueren des Schrottplatzes bevorsteht.

Die Brücke ist der direkteste und somit zeitsparendste Weg über den Fluss, aber zugleich eine Gefahr, die Vern als Ängstlichster der Vier zum Ausdruck bringt: Wann ist der nächste Zug fällig ? Wieder erweist sich Chris als der Vernünftige, indem er einen alternativen Weg vorschlägt, während Teddy den direkten Weg gehen will. Als Vern besorgt fragt, wo sie denn hin sollten, falls ein Zug komme, erweist sich Teddys Unerschrockenheit als der Mut eines Verrückten: Sie könnten doch einfach ins Wasser springen. Auf Chris' Argument, der Fall sei dreißig Meter hoch, geht Teddy gar nicht ein und marschiert einfach los. Die anderen folgen ihm zwar, doch prüft Gordie noch einmal die Schienen. Er ist die naheliegendste **Identifikationsfigur** für den Zuschauer: Er handelt so vernünftig, wie man es von einem Zwölfjährigen erwarten kann, ist aber ebenso begierig darauf, so schnell wie möglich ans Ziel des Abenteuers zu gelangen. Zudem wirkt er durch den Verlust des Bruders, die Probleme mit dem Vater und auch durch sein eher zartes Äußeres besonders verletzlich. Teddy und Vern fungieren eher als komische Figuren und bieten nur wenig Identifikationsfläche. Chris wirkt als einziger wirklich stark, und doch konzentriert sich der Film z.B. durch die Rückblenden stärker auf Gordie und seinen Konflikt.

Natürlich müssen die Jungen auch aus dramaturgischer Sicht über diese Brücke: Sie stellt eine Prüfung dar, die auf dem Weg zum Ziel des Erwachsenwerdens bestanden werden muss. Wie gefährlich die Prüfung ist, verdeutlicht eine weitere **Totale (long shot)**, welche die Brücke aus seitlicher Perspektive (eines neutralen Beobachters) zeigt und durch die **Untersicht (low angle)** ihre Höhe betont. Auch die folgenden Einstellungen erzeugen eine gespannte Atmosphäre: Die **Naheinstellung Teddys** zeigt, wie zugig es auf der Brücke ist, deren Höhe ebenso durch einen **Blick auf Teddys Beine** und das tief unter den Schwellen glitzernde Wasser hervorgehoben wird.

Die Spannung wird weiterhin dadurch erhöht, dass die Jungen auf den Schwellen vorsichtig und langsam gehen müssen. Vern, der offensichtlich nicht schwindelfrei ist, muss gar über die Schwellen kriechen. Eine weitere kurze **Totale** zeigt, wie langsam er und Gordie, der bei ihm bleibt, tatsächlich sind, denn Chris und Teddy haben bereits einen recht großen Vorsprung. Als plötzlich Verns Kamm in die Tiefe fällt, wird die Gefahr durch den Blick auf das Wasser tief unter ihnen – als **POV shot** – noch einmal besonders deutlich.

Die Ankunft des Zuges wird durch **mehrere Naheinstellungen Gordies** vorbereitet, der das nahende Unheil zu ahnen scheint, sich umdreht, die Schienen befühlt, schließlich den Zug kommen sieht und die anderen warnt. Sein Schrei wird durch die **Zeitlupe (slow motion)** und einen **Halleffekt (echo)** akzentuiert, der Blick zurück über die Brücke suggeriert Gordies Blickwinkel **(POV shots)** und erhöht die Identifikation des Zuschauers.

Sofort nimmt die Kamera Vern in den Blick, der nun in höchster Gefahr ist. Statt aufzuspringen, versucht er bloß, schneller zu krabbeln wie ein panischer Käfer, während Chris und Teddy loslaufen. In der folgenden **Halbtotale (full shot)** sehen wir im Vordergrund Gordie und Vern und im Hintergrund den nahenden Zug, eine dunkle und schwarzen Qualm ausstoßende tödliche Bedrohung. Es gelingt Gordie, Vern zum Aufstehen zu bewegen, doch er fällt sogleich wieder hin. Angst und Panik hat die Jungen ergriffen und überträgt sich spätestens mit der erneuten Verzögerung der Flucht auf den Zuschauer: Vern klammert sich an die Schienen, will nicht aufstehen, ein **schneller Schnitt** zeigt den Zug aus Gordies Sicht **(POV shot)** schon deutlich näher, und erst Gordies "We're gonna die, damn it !" bringt Vern endlich auf die Füße.

Eine kurze **Totale** (nahezu Halbtotale) gibt noch einmal einen Überblick über die Situation, über die Verteilung der Figuren und Objekte auf der Brücke: Chris und Teddy vorneweg, beinahe schon am Ende der Brücke, Gordie und Vern erst auf der Mitte, die Lokomotive etwa auf dem ersten Drittel. Auch Chris und Teddy laufen schnell und von Angst erfüllt, die nackte Panik aber hat Gordie und Vern ergriffen, wie in zwei **parallelen Kameraverfolgungen (parallel tracking shots)** der Paare deutlich wird. Der Eindruck, dass die Lok immer näher kommt, wird dadurch verstärkt, dass sie in der nächsten Einstellung ganz **nah** gezeigt wird und sich die Kamera hierbei nicht mit den Jungen, also rückwärts bewegt, sondern stehen bleibt.

Als Chris und Teddy schließlich das Ende der Brücke erreicht haben, zeigt eine weitere kurze **Totale**, wie nahe die Lok Gordie und Vern schon gekommen ist.

Die Spannung wird nun zunächst durch die immer wieder in **Parallelmontage (cross-cutting)** eingeschobenen Anfeuerungen durch Chris und Teddy sowie die **Warnsignale** des Zugs erhöht, insbesondere aber durch eine **Detailaufnahme (extreme close-up)** der rennenden Füße und die **frontale Naheinstellung**, welche die beiden Jungen und die Lok direkt hinter ihnen zeigt; sie muss sehr nah sein, da sie das Bild mehr als ausfüllt. Zuletzt sind die Jungen nur noch vom Brustkorb aufwärts zu sehen, wodurch die Einstellung auch als **head and shoulder close-up** eingeordnet werden kann.
Die Spannung der Szene wird bis zuletzt ausgereizt, indem die beiden erst in letzter Sekunde durch einen Sprung die Böschung hinab entkommen und der Zuschauer zunächst nur den passierenden Zug und schließlich Chris und Teddy sieht, die die Böschung hinabschauen. Durch die **frontale Sicht** auf die beiden kann der Zuschauer nicht sehen, was mit Gordie und Vern geschehen ist und ob sie den Fall überstanden haben. Chris' witzige Bemerkung dient als "comic relief", und die folgende idyllische Einstellung der wandernden Jungen im Abendlicht, begleitet durch die fröhliche Musik, lasst den Zuschauer erst einmal wieder entspannen. Die erste direkte Begegnung mit dem Tod ist überstanden, die nächste Prüfung der Initiation überwunden.

<u>Camping Out (DVD chapters 17-18)</u>
Gordies Wimmern im Schlaf ist Anzeichen eines inneren Kampfes. Diesmal sehen wir keine Rückblende, sondern erhalten Einblick in seinen Traum, der durch eine **Überblendung (dissolve)** eingeleitet wird. Der extreme Kontrast, der die **Farben ins Bläuliche auswäscht**, verdeutlicht durch die Kombination mit einem **Weichzeichner (soft focus)** das Traumhafte der Szene: Offenbar verbindet sich hier die Erinnerung an das Begräbnis des Bruders mit der unterdrückten Angst, der Vater hätte lieber Gordies als Dennys Tod in Kauf genommen. Hinzu kommen Schuldgefühle, die erst hier, im Gespräch mit dem besten Freund und von den Eltern entgrenzt, offenbart werden; dass Gordie bei Dennys Begräbnis nicht geweint hat, ist freilich kein Zeichen für Gefühlskälte, sondern vielmehr Beweis dafür, dass er mit der Verarbeitung dieses Verlustes allein gelassen wurde. Der wahre Schmerz wird nun erstmals klar ausgesprochen: "I miss him."
Anschließend tauschen die Jungen die Rollen. Nun ist es Chris, der Einblick in seine Psyche gibt: Er gesteht, das Milchgeld gestohlen zu haben, und verzweifelt darüber, als Mitglied der

Chambers-Familie einfach keine Chance zur Rehabilitation zu haben und das ihm vorgezeichnete Schicksal scheinbar nicht überwinden zu können.
In dieser erstaunlich intensiv gespielten Szene wird klar, dass Chris doch nicht so stark ist, wie man denkt. Dass er seine Verletzbarkeit nur im intimen Gespräch mit Gordie offen legt, belegt die besondere Verbindung zwischen den beiden. Nun ist es an Gordie, den Freund zu trösten.
Diese Szene berechtigt Überlegungen, die in Chris mehr als eine Nebenfigur, gar einen weiteren Protagonisten sehen. Gewiss hat Gordie als (erwachsener) Erzähler die "Fäden" der Geschichte in der Hand, und insbesondere die Rückblenden rücken seinen Konflikt in den Mittelpunkt. Doch hat auch Chris, im Gegensatz zu Teddy und Vern, einen elementaren Konflikt zu überwinden, an dem der Zuschauer gerade in dieser Szene Anteil nimmt. Diese Einschätzung lässt sich auch dadurch stützen, dass Chris eine wesentliche Rolle bei Gordies Problembewältigung spielt: Er treibt ihn an, Schriftsteller zu werden, er weiß, was der Verlust des Bruders für Gordie bedeutet; und sein späterer Tod ist der Auslöser für Gordies Erinnerungen, die den Film konstituieren. In der folgenden Sequenz, der Klimax des Films, wird beider Schicksal endgültig untrennbar miteinander verknüpft.

The Body (DVD chapters 25-26)
Die Entdeckung der Leiche am Fuß der Böschung bringt die entscheidende Erkenntnis, die der erwachsene Erzähler im Voice-Over in kurzen prägnanten Sätzen offenbart: "The kid wasn't sick. The kid wasn't sleeping. The kid was dead."
Wechselnde **Großaufnahmen (head and shoulder close-ups)** zeigen das Gesicht des toten Jungen sowie die Fassungslosigkeit der vier Freunde. Auf Gordie hat der Fund, das Erreichen des Ziels ihres Abenteuers, erwartungsgemäß die größte Wirkung. Dabei ist der Anblick der Leiche nur der Anlass, sich wieder mit dem Tod des Bruders auseinander zu setzen. Während die erste Frage "Why did he have to die, Chris ?" noch auf Ray Brower bezogen sein könnte, macht die zweite "Why did Denny have to die, Chris ?" deutlich, worum es eigentlich geht: nicht um den Tod dieses fremden Jungen, sondern um die Willkür des Todes an sich, für Gordie direkt erfahrbar geworden durch den Tod Dennys. Damit verbunden ist die Angst vor der eigenen Verlorenheit. Gordie steigert sich so weit in seine Verzweiflung hinein, dass er glaubt, sein Vater hasse ihn und hätte seinen Tod dem Tod Dennys vorgezogen. Wieder kehren sich die Rollen um, und Chris tröstet den Freund mit der Einsicht, sein Vater würde ihn einfach nicht kennen. Tatsächlich beweist die Prophezeiung, Gordie werde einmal ein großer Schriftsteller werden, dass Chris seinen Freund tatsächlich besser kennt, als dessen Vater es tut.
Gordie beruhigt sich zwar, doch ist die Zeit der Prüfungen noch nicht vorbei, denn in diesem Moment tauchen Ace und Eyeball auf. Zwar übernimmt Chris auch in dieser Situation wieder die Rolle des Anführers und versucht, das Terrain und den Fund zu verteidigen, aber die Übermacht ist zu groß. Als auch der Rest der Gang auftaucht, scheint der bisher nur in Worten ausgetragene Kampf verloren.
Über die gesamte Szene dominieren **nahe und frontale Einstellungen**, welche die Emotionen der Figuren, ihre Fassungslosigkeit, Angst, Wut und Entschlossenheit verdeutlichen. Zunächst konzentriert sich alles auf Chris und Ace. So vernünftig Chris bisher wirkte: Der Sinn des ganzen Abenteuers wäre vertan und die letzte, wichtigste Prüfung gescheut, wenn er seinem Gegner, dem Anführer der älteren Gang, jetzt nachgäbe. So erreicht der Film seinen **Höhepunkt**: Wie bei der Überquerung der Brücke steht plötzlich das Leben der Protagonisten auf dem Spiel, doch jetzt nimmt die Begegnung mit dem Tod durch Ace's Ankündigung "You're dead." menschliche, somit erschreckendere Gestalt an. Als er tatsächlich das Messer zieht, sehen wir zugleich eine Vorausdeutung auf Chris' späteren Tod.
Doch nun vollendet sich die Verbindung der beiden Freunde und ein weiterer Schritt der Initiation: Gordie greift ein und rettet Chris das Leben. Die **Bewegung der Kamera**, die erst die

in den Himmel gerichtete Pistole in den Blick nimmt und schließlich nach unten auf Gordies Gesicht **schwenkt (tilting shot)**, verzögert die Enthüllung, wer den rettenden Schuss abgegeben hat. In Gordies Gesicht wird eine erstaunliche Entschlossenheit sichtbar, die zu seiner in der vorausgehenden Szene gezeigten Verletzbarkeit in deutlichem Kontrast steht. Umso klarer wird der Entwicklungsschritt, den er durch die Begegnung mit der Leiche vollzogen hat: Er hat neue Stärke gewonnen.
Indem die Kamera sogleich in eine Bewegung nach rechts übergeht, rückt sie die beiden Verbündeten gemeinsam ins Bild und betont ihre gemeinsame Stärke, ihre Zusammengehörigkeit. Gemeinsam stehen sie den Antagonisten gegenüber, sichtbar gemacht in einer **Halbtotalen** (medium long shot).

Die Bedeutung des rettenden Akts wird nun noch dadurch erhöht, dass Gordie jetzt das eigene Leben aufs Spiel setzen muss, mithin den ultimativen Angriff des Antagonisten riskiert. Doch er ist zu allem bereit und widersteht Ace's Drohungen, sogar dessen Anspielung auf den toten Bruder. Gordies Standhaftigkeit ist es, die Ace schließlich zur Aufgabe zwingt.
Gordie ist hier seinem schlimmsten Feind, dem Tod, in zweierlei Form begegnet: in der Leiche des Jungen und in Gestalt des (unter normalen Umständen) übermächtigen Feindes Ace. Dieser Moment ist der entscheidende in Gordies Entwicklung und wird ihn für immer verändern: der Moment, in dem er seiner größten Angst ins Auge sah und sie besiegte. Er kann nun, als gewandelter "Held", in die normale Welt zurückkehren (siehe hierzu auch Kapitel 5).
Ein weiterer "comic relief" und die Entscheidung, die Leiche des Jungen nur zuzudecken statt abzutransportieren, schließen die Szene. Die Jungen wissen nun, was der Tod bedeutet, und vollziehen dadurch den entscheidenden Wandel. Der Weg führt die vier Freunde nun zurück in ihre normale Welt, die ihnen plötzlich verändert vorkommt: "smaller". Die Zeit der behüteten Kindheit ist vorbei, was sich auch im **Voice-Over** des Erzählers widerspiegelt: Als die Schule wieder begann, verloren sich die Vier zunehmend aus den Augen, bis Teddy und Vern nur noch zwei Gesichter in den Fluren waren.
Die Verbindung zwischen Gordie und Chris aber hatte eine andere Qualität gewonnen, und sie blieben zusammen. So schaffte es Chris, nicht zuletzt dank der Unterstützung durch Gordie, doch "rauszukommen". Er wurde kein Verlierer, sondern überwand das ihm vorgezeichnete Schicksal und brachte es zu einem ansehnlichen Beruf, der seinem Charakter als Schlichter entsprach. Umso tragischer wirkt sein Tod, der dem Film schließlich eine **ungewöhnlich**

melancholische Note verleiht. Womöglich zeigt sich hier jedoch, dass das Tragische eben stärker wirkt als das Komische.
Das Bild, in dem der junge Chris **langsam ausgeblendet** wird (fade-out), hat sich noch auf anderer Ebene und auf besonders tragische Weise als Vorausdeutung erwiesen: River Phoenix, der vielversprechende Darsteller des Chris Chambers, starb am 31. Oktober 1993 im Alter von nur 23 Jahren, offenbar durch die Einnahme von Drogen.

1.5 Filmkritik

Stand By Me – Review By Damian Cannon (Movie Reviews UK, 1997)

A bittersweet tale of friends on the brink of adolescence, **Stand by Me** features some outstanding performances from its young cast. In the present day, Gordie Lachance (Wil Wheaton) is a successful writer musing over the recent and tragic death of his childhood friend Chris Chambers (River Phoenix). Back when they were twelve (in 1959), Gordie, Chris, Teddy Duchamp (Corey Feldman) and Vern Tessio (Jerry O'Connell) were an inseparable foursome. With their secret knocks, lengthy and meaningless arguments and negligible interest in girls, the endless summers were terrific. Then, on a particularly indolent afternoon, the gang stepped closer to maturity, courtesy of Vern. Feigning a casual air, yet burning with eagerness inside, Vern mentioned that he knew the location of a dead body !

Consumed by curiosity the group elects to make the trip, just to see what a dead person actually looks like. Chris, charismatic and understanding, is the natural leader of the four. Despite being labelled as a "bad sort" and suffering abuse from his drunken father, Chris is in many ways the most dependable (if a touch misguided). Gordie is much more introspective, a result of his naturally intense imagination and being saddled with parents still grieving over the untimely loss of his older brother. If anything, this abuse by neglect is far more damaging than a physical beating. Completing the square, Teddy's father is borderline psychotic and institutionalised (having come close to killing Teddy) while Vern has the twin stigma of being both pudgy and slow.

The shared element for these buddies is that their formative years are being disturbed in these varied ways, with results that linger a lifetime. Still, in the bright Oregon sunshine, they're off on an adventure into the remote forest. Following the rail tracks their conversation and actions are littered with the cruelties of children, cutting remarks which are taken for granted. Luckily such slights are quickly forgotten at this age, discarded in the headlong rush towards their next all-engrossing activity. In addition, the roots of their friendship are solid enough to weather their bickering. When the chips are down they'll stick up for each other, even at the risk of their own (barely started) lives. This devotion, which becomes inevitably dissolute when new schools are attended, is sorely tested as their quarry nears.

A significant part of the enjoyment of **Stand by Me** stems from the small group of realistic characters used and the quirks inherent in their behaviour. All of the games, teases, catchphrases, punishments and fears which dominate the world of a twelve year-old are lovingly recreated, enhancing the stock roles with extra dimensionality. The warmth which surrounds these almost-teenagers is palpable, despite the off-screen menace of parents and the all too real threat of older kids. This last group represents a definite warning, an indication of the consequences of straying from the path (as well as a direct physical danger).

The major drawback of such coming-of-age movies is that they tend towards a rose-tinted perspective, sentimentalising the halcyon days of the film-makers youth. **Stand by Me** mostly avoids such a trap, though occasionally the boys' reactions and speeches betray an adult guiding hand. Mostly the dialogue is honest and direct, reflecting the interests of such kids. The verdant landscape and rustic trains of Oregon (standing in for Maine) are blankly beautiful, which is to be expected, but the real stars are the actors themselves. Phoenix is wide-ranging in his keystone performance, although everyone acquits themselves. **Stand by Me** is certain to revive childhood memories, which is a fine objective, but beyond this remains a singularly human experience.

on the brink of adolescence = in the time when you become an adult
cast (n) = the actors and actresses who perform in a movie
to muse = to think carefully about something

foursome (n) = a group of four
negligible (adj) = unimportant, without effect
indolent (adj) = lazy
maturity (n) = adult behaviour
courtesy of = thanks to the kindness or permission of
to feign = to pretend
a casual air = a relaxed mood in which you do not care about what is happening
eagerness (n) = excitement because you want to have or do s.th., or you expect s.th. exciting to happen
to be consumed by s.th. = to feel s.th. very strongly
curiosity (n) = the strong desire to know about things
abuse (n) = here: violent actions such as beating
dependable (adj) = "verlässlich, zuverlässig"
misguided (adj) = behaving in the wrong way, here because of lack of guidance from Chris's parents
introspective (adj) = thinking a lot about yourself
to be saddled with somebody/something = to have trouble with somebody/something
neglect (n) = failure to care about someone or something although it should be important to you
borderline psychotic (adj) = so unable to behave normally that it is almost unacceptable
institutionalised (adj) = put in a hospital for people who are mentally ill
twin (adj) = double
stigma (n) = behaviour that you feel ashamed of because it is not accepted by society
pudgy (adj) = rather fat
formative (adj) = having an essential effect on the development of your character
varied (adj) = different
to linger = to stay, to last
remote (adj) = here: far away from any towns
slight (n) = something you say or do which offends someone
to discard = to get rid of something; here: to forget something
all-engrossing (adj) = so interesting that you cannot or do not want to think about anything else
bickering (n) = to have an argument, mostly about something that is not important
when the chips are down (inf) = in a serious situation
to stick up for each other = to help each other
devotion (n) = here: loyalty, love
inevitably (adv) = as it cannot be prevented ("unausweichlicherweise")
dissolute (adj) = here: weak, with the result of finally falling apart
quarry (n) = "Beute"
to stem from s.th. = to start or develop as a result of something
quirk (n) = a strange feature of one's character ("Schrulle, Marotte")
to be inherent in s.th. = to be a natural part of something
stock (adj) = used very often, unoriginal
palpable (adj) = so obvious that it can easily be noticed ("offensichtlich, greifbar")
menace (n) = threat
to stray from the path = to leave the path you should use
drawback (n) = disadvantage
to come of age = to become an adult
rose-tinted (adj) = rose-coloured, here: showing something as being better than it really is
halcyon days = a time of great happiness
to betray = "verraten"
verdant (adj) = covered with green grass, trees, and plants
rustic (adj) = old-fashioned, typical of the countryside ("rustikal")
keystone (adj) = very important, essential
to acquit oneself = to do something well, esp. when you do it for the first time
objective (n) = goal, aim

Stand By Me – Review By Dan Kelly (The Digital Bits, 2000)

Until **Stand By Me** came along, the movie-going public hadn't really seen anything from Stephen King other than horror. **Carrie** had some moments of sensitivity, but, at its heart, it was still a horror movie. But **Stand By Me** is a tenderly-written drama, with dynamite performance by its four lead cast members, about the last days of summer for four troubled boys before they start junior high school.

Gordie (Wil Wheaton), Teddy (Corey Feldman), Vern (Jerry O'Connell) and Chris (River Phoenix) are all best friends. Each one of them is also unhappy at home, and will do anything not to have to go back there. On a mission of self-discovery, they head off into the woods to find the body of a dead kid, about their age, who went missing a few days before. While hiking through the woods, they share a lot of things with each other, both personal and inconsequential, that help them through an experience that will ultimately change their lives forever.

There are a lot of great things about **Stand By Me**. First and foremost, there are the knockout performances by the young cast members. As actors, they're very smart and think a lot about their words and their actions, yet they still come across as kids rather than just cute faces mouthing words. Rob Reiner's delicate touch in direction also adds a lot to the movie without being too hammy or sentimental. He perfectly captures the awkward humour that comes out of kids growing into their bodies and into themselves. While the screen adaptation by Raynold Gideon and Bruce Evans doesn't remain completely faithful to the short story, it does capture the feelings of wistfulness and discovery of youth that are so present in King's work.

What has always struck me as just a little funny about the movie, is how the kids act toward each other. They emotionalize a great deal with each other, which is something most kids I knew when I was that age (myself included) weren't ready or able to do. We struggle even as adults to deal with our feelings, and these kids kind of play psychiatrist for each other better than any grown-up would be able to do. Yet with this element of the story, many parts of the film that would have otherwise come across as flat and somewhat emotionless, instead become touching and emotionally truthful. **Stand By Me** is a magical movie that has endured as a recent classic of American cinema, and I'm sure it will continue to do so for some time.

"Carrie" = a novel by Stephen King, turned into a film by Brian de Palma (1976)
tenderly (adv) = with a lot of care and love for the subject
to share = to have or do something that someone else also has or does
inconsequential (adj) = not important
ultimately (adv) = in the end
delicate (adj) = skilful, with a lot of attention to detail
hammy (adj, inf) = exaggerated because of overacting
to capture = to successfully show or describe something
awkward (adj) = strange, weird
to remain faithful to = here: to tell the story as it is told in the original short novel
wistfulness (n) = melancholy, especially because of something you no longer have
to struggle = to try very hard
to endure = to remain alive

1.6 Aufgaben

1.6.1 Leitfragen zu den Sequenzen

Zu erwartende Antworten lassen sich Kapitel 1.1 "Synopsis und Interpretation" entnehmen.

Sequence 1:
How do the four boys learn where to find Ray Brower's body ?

Why do they want to go and find the body ?
Characterize Gordie's relationship with his parents.

Sequence 2:
What role does Chris play when Ace takes Gordie's cap and when Teddy goes train-dodging?
What does the experience with Teddy and the train symbolize ? *(first encounter with death)*

Sequence 3:
What have the boys heard about Chopper, and what do they learn when they meet him ?
What does the flashback about Denny tell us about the Lachance family ?
How do you explain Teddy's reaction to Milo Pressman's remarks about Teddy's father ?

Sequence 4:
What is Gordie's attitude towards the college courses ?
How does Chris react to this, and why ?

Sequence 5:
What does the scene on the bridge represent ? *(second, more dramatic encounter with death)*

Sequence 6:
How do you interpret Gordie's dream about his brother's funeral ?
How does Chris see his personal situation ?

Sequence 7:
What do the four boys find out about the swamp ?
What does the car chase tell you about Ace Merrill ?

Sequence 8:
How do the boys, especially Gordie react to the sight of Ray Brower's body ?
What do the acts of finding the body and confronting Ace symbolize ? *(final/most dramatic/climactic confrontation with death, overcoming the antagonist)*
What decision do the four boys take after Ace and his gang have left, and what does their decision show ? (realization of the meaning of death, thus accepting change)

Sequence 9:
How do Gordie's and Chris's roles change in their final conversation ?
What do you learn about Chris's later life ?
What is Gordie Lachance's final message ?

final question:
How does the adventure change the four boys ?
Can you identify with any of the boys ?

1.6.2 Zu den Figuren

Das Arbeitsblatt **"the protagonists"** kann zu verschiedenen Zeitpunkten eingesetzt werden, indem die Tabelle zu den Figuren im Fortlaufen des Films ergänzt wird. Aufgabe B) kann einerseits auf eine spontane, eher affektive Reaktion abzielen und *vor* der gründlichen Charakterisierung eingesetzt werden, ebenso aber auch *danach*, um ein reflektiertes Bild zu erhalten und dieses evtl. gegen die frühe Reaktion abzugrenzen. Die in C) geforderte Charakterisierung bietet sich an, wenn die Tabelle vollständig ist. Zur Unterstützung kann die Vokabelsammlung zur Charakterisierung in die Lerngruppe gegeben werden.

THE PROTAGONISTS:

A) Collect information on the characters.

	appearance	role, behaviour,	desires, intentions	problems, conflicts
Gordie				
Chris				
Teddy				
Vern				
Ace				

B) Who do you like most, and why ?
C) Write a characterization for one of the characters, using the words and expressions from your table. Give evidence from the scenes of the film.
D) Explain Gordie's and Chris's conflicts in your own words.

Vocabulary For Characterizations:

Outward Appearance:

short, medium-height, tall
well-built, athletic, stocky, strong
slim, thin (negative), weak
over-weight, obese, fat (negative)

good-looking, attractive, sexy
beautiful, pretty (mostly for children, girls and women)
handsome (mostly for men)
plain, unattractive, ugly

Mental Capacities:

intelligent, bright, clever, smart, talented, gifted, qualified
dumb, stupid, idiotic, retarded, limited, unqualified
crazy, insane, round the bend, psychotic

Disposition/Temperament/Behaviour:

optimistic, positive, joyful, extroverted, happy, funny
pessimistic, negative, introverted, melancholic, sad, depressed

calm, patient, easy-going
nervous, impatient, short-tempered, ill-tempered, uncontrollable

warm, lovable
cold, callous, hateful

friendly, polite, helpful, altruistic, selfless
unfriendly, impolite, rude, nasty, mean, aggressive, violent, brutal, egoistic, full of oneself

well-meaning, honest, law-abiding
sly, cunning, dishonest, deceitful, spiteful, destructive, malicious, criminal

sensible, reasonable, trustworthy, reliable, dependable
childish, naive, strange, silly, foolish, unreliable

confident, self-assured, strong-willed, determined, brave, courageous, fearless
sensitive, shy, unsure of oneself, unstable, indecisive, irresolute, cowardly

cautious, restrained, modest
proud of oneself, arrogant, bossy

1.6.3 Zur Inszenierung

Neben Übungen zum Hör-Seh-Verstehen und der Interpretation des Inhalts sollte die formal-analytische Betrachtung des Films nicht zu kurz kommen. Hierzu eignen sich insbesondere die in Kapitel 1.4 besprochenen Szenen, die jeweils drei- bis viermal vorgeführt und auf ihre filmsprachliche Gestaltung hin untersucht werden können. Eine solche Untersuchung eignet sich auch gut als Bestandteil einer Klassenarbeit oder Klausur, etwa mit folgenden Anweisungen:

A) Explain what led to the situation shown in this scene.
B) Summarize the scene.
C) Describe striking devices of film language used in this scene (shot, point of view, camera movement, montage etc.). Explain why and to what effect they are used.
D) Which scenes of the film do you like most, and why ?

Aufgabenteil A zielt auf eine Situierung der vorgelegten Szene, Aufgabe B verlangt eine Inhaltsangabe zur Verständnissicherung, und in Aufgabe C ist eine detaillierte Untersuchung der Formsprache vorzulegen. Aufgabenteil D gibt die Möglichkeit zur Stellungnahme.
Insbesondere zum Einstieg eignet sich eine Variante dieser Aufgabenform, die ich **"memorable shots"** nenne. Hierbei wird ein besonders aussagekräftiges Standbild präsentiert, dessen Betrachtung zu folgenden, variabel einzusetzenden Arbeitsschritten Anlass gibt:

– Bildeindrücke verbalisieren
– das Bild in der Filmhandlung situieren
– das Bild analysieren (Einstellung, Perspektive, Komposition, Symbolik etc.)
– Bezüge zu bereits besprochenen Szenen herstellen
– Spekulationen zur weiteren Handlung formulieren

Selbstverständlich kann die Präsentation eines Standbilds auch als Impuls dazu dienen, die Ergebnisse der letzten Stunde zu rekapitulieren.

Als "memorable shots" aus *Stand By Me* eignen sich z.B.:

– der erwachsene Gordie im Auto, nachdenklich in die Ferne blickend (Sequenz 1)
– Gordie und seine Familie am Esstisch (Sequenz 3)
– Teddy schreit Milo an (Sequenz 3)
– Gordie und Chris im Streitgespräch über Gordies schulische Zukunft (Sequenz 4)
– Chris weint am Nachtlager, Gordie tröstet ihn (Sequenz 6)
– Gordie und Chris stehen Ace und seiner Bande gegenüber (Sequenz 8)
– Chris winkt zum Abschied (Sequenz 9)

1.6.4 Zur Rezeption

Eine rezeptionsorientierte Auseinandersetzung mit dem Film kann zu verschiedenen Zeitpunkten und in steigernder Form erfolgen: vom Sammeln spontaner Eindrücke (nach der Vorführung einzelner Sequenzen oder auch des gesamten Films) über die Untersuchung von Rezensionen bis hin zum Verfassen eigener Filmkritiken durch die Schüler. Die Analyse von Rezensionen aus Zeitungen und Magazinen gibt den Schülern die Möglichkeit, diese spezielle Textsorte kennen zu lernen. Zur Erarbeitung können folgende Arbeitsanweisungen dienen:

A) According to the author, what makes "Stand By Me" the movie it is ?
B) Point out terms and phrases that give away the author's attitude towards the film.

C) What do you like or dislike about the film ?

Aufgabenteil A) zielt auf eine Überprüfung des Textverständnisses, Aufgabenteil B) auf eine Formalanalyse.
In C) bietet sich den Schülern die Möglichkeit zur freien **Stellungnahme**, die freilich keine Reproduktion der Argumente des Rezensenten, sondern eine eigenständige Auseinandersetzung mit dem Film liefern sollte. Je nach Lernstand können spezifischere Vorgaben gemacht werden wie z.B.:

Who is your favourite character ?
Which scenes did you like in particular ?
What about the movie affects you most ?

Selbstverständlich muss die Stellungnahme begründet werden.

Die in den Aufgabenteilen B) und C) herausgearbeiteten Aspekte können abschließend in der Lerngruppe gesammelt werden, etwa in Form einer Tabelle (hier mit möglichen Teilergebnissen):

positive	**negative**
– generally realistic characters	– occasionally their speeches are too adult, too psychological
– loving recreation of the teenage world	– abusive language
– humorous	...
– outstanding performances	
– delicate directing	
...	

Diese Ergebnisse können abschließend die Grundlage für eigenständig von den Schülern verfasste *film reviews* bilden.

1.7 Vokabeln

n	noun
adj	adjective
prep	preposition
pl	plural
adv	adverb
inf	used in informal English
vulg	used in vulgar English
BE	British English
AE	American English

Sequence 1: Back to 1959

human being (n)	a man, woman, or child
to measure	to see how big, long etc. something is
in terms of	talking about
Oregon	one of the western states of the US
Portland	largest city of Oregon, south of Vancouver/Washington
ladder (n)	a tool used for climbing up or down, e.g. from a tree or wall
platter (n)	a large dish used to serve food (AE)
boss (adj, inf)	very good, excellent
backyard (n)	a small area, usually a garden, behind the house
garbage can (n)	a container in which you put rubbish (AE)
pregnant (adj)	to be developing a baby
Piss up a rope. (vulg)	"Verdammt noch mal."
to bite the bag (vulg)	"verkacken"
to deal	here: to hand out the cards
to hang around with s.o. (inf)	to spend a lot of time with someone
to be given to s.th.	to usually do something (as a habit)
fits of rage (n, pl)	"Wutanfälle"
stove (n)	a machine which gives heat to cook something or to heat a room
four-eyed (adj)	a rude way of referring to someone who wears glasses
pile (n)	something put together so that it forms a high mass
You're down to your ride.	if a card player is "down to his ride", he only has enough money for the bus ride home
pal (n, inf)	friend
leader (n)	the person who is in control of a group or organisation
to turn out bad	to end up being bad
sincerely (adv)	honestly, seriously
Screw you. (vulg)	Fuck you.
to camp out/tent out	to spend the night in a tent
folks (n, pl)	here: parents
to be on a mean streak	"fies drauf sein"
lately (adv)	in the last days or weeks
probably (adv)	"wahrscheinlich"
to moan	to speak in a way that shows you are unhappy or anxious
liar (n)	a person who lies
you ain't got (inf)	you haven't got

a pat hand (n)	"passende Karten"
Make your draw.	"Zieh schon, spiel schon."
shitheap (n, vulg)	a pile of shit
porch (n)	"Veranda"
to dig	to make a hole in the ground, e.g. to find something there
right away (adv)	immediately, at the same moment
to bury	to put something in the ground
quart jar (n)	a big container made of glass that can hold 0,946 litres
treasure map (n)	a map that shows the way to a treasure ("Schatzkarte")
Who cares ?	Who would mind ?
to hit	to touch something quickly with a lot of force ("treffen, erwischen")
Big fucking deal. (vulg)	ironical: It's no big deal, it's not important.
age (n)	"Alter"
to pick	here: to collect
blueberry (n, pl)	"Blaubeere, Heidelbeere"
the cops (n)	the police ("die Bullen")
to squawk	to make a loud sharp noise, e.g. when you are scared
to boost a car	to steal a car to drive around in it and then leave it somewhere
to trace a call	to find out where a phone call is coming from
Highway Patrol	an American TV series
Dragnet	an American TV series
Dodge	a popular American car
You dig me ? (inf)	You understand me ?
a dead end (n)	a street that has no way out at the end
train tracks (n)	metal rails that trains travel on
el smako (n, inf)	to smack = to hit
I bet you...	"Wetten, ..."
hero (n, pl: heroes)	"Held"
medal (n)	if you do something very brave you may get a medal for it
drag races (n)	car races
to be rock solid	to be safe
to get hided	to be beaten
to be jazzed about s.th.	to be excited about something
to be worth it	"es wert sein"
to share	if you share something, you all have the use of it, or you do it together
enthusiasm (n)	to do something with great joy and energy
invisible (adj)	something that is invisible cannot be seen
canteen (n)	here: "Feldflasche"
to pass	"vergehen"
Yankees (n)	the New York Yankees, a US baseball team
a good-luck cap	a cap that brings you luck
porcupine (n)	"Stachelschwein"
Give me a hug.	"Komm in meine Arme."
thief (n)	someone who steals
feeb (n, inf)	a stupid person
He's a thief in my book.	He's a thief, I'm sure of it.

Sequence 2: The Journey Begins

Lone Ranger	a character from an American TV series
Cisco Kid	a character from an American TV series
to hock (inf)	to steal
.45 (n)	"45er-Kaliber"
shell (n)	ammunition shot from a gun
cherry bomb (n)	firecrackers ("Kracher")
wet end (n, inf)	"Spielverderber, Weichei"
babe (n, inf)	a girl, a woman
mean (adj)	"gemein"
to swear	here: to promise to do something
pinky swear (n, inf)	"Fingerschwur (mit dem kleinen Finger)"
polite (adj)	to behave in a correct way, have good manners
to insult	to hurt someone by doing or saying something that is rude
opportunity (n)	"Gelegenheit, Chance"
spooky (adj)	"gruselig"
comb (n)	a flat tool of plastic or metal you use to arrange your hair
to flinch	"zucken"
far (adj)	<-> near
to hitchhike	to stand by the side of the road and get a lift in someone else's vehicle
That sucks.	That's totally uncool.
sundown (n)	the time when the sun goes down
pussy (adj, inf)	girlish
to fill up (inf)	to drink
junkyard (n)	a place where you can leave old things you do not want anymore
well (n)	a place where you can find water (or anything to drink)
What are we supposed to do?	"Was sollen wir tun ?"
stuff (n, inf)	"Zeug"
to dodge s.th. (n)	to move out of the way of something very quickly
Normandy	a region in France where US troops landed to free Europe from Hitler ("Normandie")
Skin it. (inf)	Give me your hand.
peace (n)	<-> war
wooden (adj)	made of wood
to quit	to stop something you are doing, to leave
inning (n)	a period in the game of baseball
homo (n, vulg)	someone who is homosexual
to act psycho (inf)	to behave like a crazy person
If you don't mind.	"Wenn's dir nichts ausmacht."
to collect your social security	"in Rente gehen"
You're up.	It's your turn.
stick (n)	a thin piece of wood
foul (adj)	wrong

Sequence 3: The Dump

No trespassing.	Do NOT enter this ground.
paratrooper (n)	a soldier who lands with a parachute ("Fallschirm")

to enforce	to make sure that a law or rule is obeyed
junkman (n, inf)	the man controlling the junkyard
least	<-> most
Legend had it that...	Legend said that...
to sic	to bite
anatomy (n)	here: parts of the body
thus	so, therefore
illegal (adj)	not legal, against the law
to scale	to climb
balls (n, vulg)	"Eier"
dread (adj)	terrible
in sight	to be seen
except (prep)	"außer"
weird (adj)	strange
to miss	if you miss something, you fail to hit it
tits (n, vulg)	"Titten"
to bend	here: to change in form
It's a blast.	It's great.
to be off limits	to do something you are not supposed or allowed to do
to fudge on s.o.	"deine Freunde veräppeln"
to go on a hike	to go on a long walking trip
grand (adj)	great, super
to flip (a coin)	"eine Münze werfen"
odd man (inf)	the loser
cod (n)	"Kabeljau"
Eat lead.	"Friss Blei."
tail (n)	the back side
goocher (n, inf)	"ein seltsamer Zufall, ein böses Omen"
to get wiped out (inf)	to get killed
to get totalled (inf)	to get killed
crap (inf)	stupid stuff, shit
to screw the pooch (inf)	to fail in a spectacular way
retarded (adj)	stupid
provisions (n)	supplies of food or other things that you need
morphodite (n)	s.o. who is part male, part female (short of: hermaphrodite)
pet name (n)	nickname ("Spitzname")
to throw up	to vomit ("erbrechen")
preferably (adv)	better
disgusting (adj)	very unpleasant or ugly
to degrade	here: to insult
to be held in high regard	here: to be something that people like to do
ain't you (inf)	aren't you
shame (n)	something that should not have happened
in the midst of	in the middle of
All-Conference	in the all-star team
quarterback (n)	the central player in American football
scout (n)	someone who goes around looking for people with great talent
lovely (adj)	very nice or beautiful
his mind's all over the place	he loses his concentration, his focus
hamburger (meat) (n)	"Hackfleisch"
vast (adj)	very big, enormous

myth (n)	what is said and told
reality (n)	what is real
to tease	to make fun of someone
to beat	to hit
tin (n)	"Blech, Zinn"
weasel (n)	"Wiesel"
tin weasel (n)	"kleine Ratte"
(peckerwood) loony (n)	a crazy person
nuthouse (n, inf)	a hospital for people who are mentally ill
to storm	"stürmen"
to act	to behave
to rip s.th. off	to tear something off
slimy (adj)	"schleimig"
to outweigh s.o.	to be heavier than another person
foulmouthed (adj)	someone who is foulmouthed uses a lot of swearing words
whore (n, vulg)	prostitute
to rank s.o. (out)	to speak of someone disrespectfully, in a very rude way
faggot, fag (n, vulg)	"Schwuchtel"
pussy (n ,inf)	coward
bleach (n)	a chemical used to make clothes (or your hair) white
to spoil s.th.	to make something bad, take the fun out of it
nightmare (n)	a bad dream
chick (n, inf)	girl
to get laid (inf)	to sleep with someone
newsbreak (n)	a break in a TV or radio programme for the news
to expand	if you expand something, you make it larger, bigger
outlying areas (n)	the areas around a specific place
to fuck s.th. up (vulg)	to do something in a way that is not right; to fail in doing something
to take a leak	to urinate
to wind up doing s.th.	to end up doing something
bucks (n, inf)	dollars
big deal (n)	"große Sache"

<u>Sequence 4: Teen Talk</u>

Winstons	a brand of cigarettes
dresser (n)	a chest of drawers, sometimes with a mirror on top
definitely (adv)	sure
to be split up	to go separate ways
junior high (n)	the school for grades 9 and 10 in the USA
grammar school (n)	middle school
college courses (n)	courses that prepare you for college
shop courses (n)	courses that prepare you to do hands-on work
ashtray (n)	a small dish in which people who smoke put the ash
birdhouse (n)	the small model of a house used to feed birds, esp. in winter
to drag s.o. down	to have a bad influence on someone
cracked (adj, inf)	crazy
cartoon (n)	"Comicfigur"
though	"allerdings"
to make s.th. up	to imagine something
fucked-up (adj, vulg)	"versaut, beschissen"

Sequence 5: The Train

to be due	to be expected to come or happen at a certain point of time
100 feet	about 30 metres
to cross	if you cross something, e.g. a street, you move to the other side of it
to drag	to pull
candyasses (n, vulg)	"Zuckerärsche"

Sequence 6: Camping Out

all time (adj)	the best ever
Abbott Costello	Bud Abbott and Lou Costello, two legendary American comedians who starred in many films in the 1940s and 1950s (Lou Costello was the "fat" guy, by the way)
mummy (n)	"Mumie"
underpants (n)	a short piece of underwear you wear under your trousers
Hershey squirts (n, pl)	"Schokoladenspritzer"
Go screw. (vulg)	"Leck mich."
dick (n, vulg)	"Schwanz"
to cherish	to enjoy something and keep it in your mind
to be up for s.th.	if you are up for something, it is your turn to do it
to battle	to fight
leatherneck (n)	"Marineinfanterist"
pie (n)	here: a cake with sweet fruit
contest (n)	competition
"hyboid" gland (n)	thyroid gland = "Schilddrüse"
blimp (n, inf)	"Zeppelin"
Thanksgiving	a public holiday in the USA on the last Thursday of November; the typical Thanksgiving meal is a turkey ("Truthahn")
swell (adj, inf)	great
Lardass	"Riesenarsch"
wide load (n)	"übergroße Ladung"
revenge (n)	to hurt someone who has hurt you before, getting a "good" feeling out of it
contestant (n)	someone who takes part in a contest
principal (n)	AE for "headmaster"
celebrity (n)	someone who is famous
newcomer (n)	a person who is new in a job, game etc.
drum roll (n)	"Trommelwirbel"
to chow down	to eat quickly, usually with enthusiasm
to pace oneself	to take it a little slower
audience (n)	the people who are watching or listening to something
to introduce (s.o. to s.o.)	if you introduce someone, you tell other people who that person is, what his or her name is etc.
castor oil (n)	a thick yellow oil used to make someone vomit ("Rizinusöl")
to pretend	to behave as if something is the fact when it is not
cowflop (n)	"Kuhfladen"
guts (n)	"Gedärme"
scary (adj)	frightening, making you feel scared
log truck (n)	a truck carrying cut-down trees

to barf (inf)	to vomit
lumberjack (n)	a man whose job is to cut trees
purse (n)	in AE, this is another word for "handbag"
to create	here: to make ("schaffen, erschaffen")
...-rama (n)	a great show of something
to celebrate	to do something enjoyable, e.g. to have a party to show that an event or occasion is important to you
cherry-flavoured (adj)	tasting like cherry
fixed (adj)	manipulated
opera (n)	"Oper"
Wagon Train	an American TV series about the Pioneers
to hawk	to go around and sell things
dirty books (n)	books with pictures of naked girls etc.
lima beans (n)	a meal with beans that children usually hate ("Limabohnen")
bald-headed (adj)	without any hair
to stand guard	to stand near a person or a place to protect them
watch (n)	"Wache"
secure (adj)	safe
Keep your eyes peeled.	Keep your eyes open. Watch out.
dogface (n)	"Rekrut"
to rest	to have a break and do nothing, to sit down and relax
dear (adj)	if something is dear to you, you care about it very much
funeral (n)	the religious ceremony that is held when someone is being buried
That'll be the day.	It'd like to see that happen (but I don't believe it will).
low-life (adj)	bad, criminal
vacation (n)	time off, here: from school
to show up	to be there to be seen
bitch (n, vulg)	here: prostitute
douche bag (n, vulg)	"Kotztüte"

<u>Sequence 7: The Swamp</u>

freight (train) (n)	a train that carries goods
Twinkie	a soft golden cake with creamy filling, usually considered to be junk food
root beer (n)	a very sweet American drink made from roots (without alcohol)
experienced (adj)	someone who is experienced knows a lot about something because they have done it often or for a long time
to rumble	to make a low, continuous sound, like distant rolling thunder
to press on	to make a great effort to get somewhere fast
obsession (n)	"Besessenheit"
to stick to s.th.	here: to follow something (the railroad tracks)
prisoner (n)	here: someone who is caught in a war
to manage to do s.th.	to be successful in doing something
a top priority	the most important thing to do
conniption fit (n)	"hysterischer Anfall"
a bunch of	several or many pieces of
a couple of	some pieces of
steelhead (n)	a fish ("Stahlkopf", *Salmo gairdneri*)

to state your position	to say what you think about something
shortcut (n)	if you do not want to go the long, regular way, you take a shortcut
How are we supposed to...?	"Wie sollen wir...?"
raft (n)	a platform, usually made of wood, that floats on water
Act your age.	"Verhalt dich deinem Alter entsprechend."
prime (time) (n)	the best time
death warrant (n)	an official document that says that someone will be killed (to be punished for a crime)
Pile on !	"Auf ihn !"
Sleeper hold !	"Schwitzkasten !"
to fall for s.th.	to be tricked by something
leech (n)	"Blutegel"
to faint	to lose consciousness ("in Ohnmacht fallen")
psycho (n, inf)	a person who is crazy, mentally ill
retard (n, inf)	"Zurückgebliebener"
cock-knocker (n, vulg)	someone who masturbates

Sequence 8: The Body

to knock	to hit
Keds	a brand of trainers
branch (n)	the parts of a tree that grow out of the trunk and have leaves
stretcher (n)	a small mattress with a pole along each side, used to carry someone who is injured or ill
to get hard-up for s.th. (inf)	not to have enough of something
We got dibs.	"Wir waren zuerst da."
to earn s.th.	"etwas verdienen"
keyhole-peeping bung (vulg)	"du Schlüsselloch guckender Arsch"
to bust (inf)	to steal
Fruit of the Looms	here: underpants
fudge factory (n)	"Schokoladenfabrik"
faggot (n)	"Schwuchtel"
Let's split.	Let's go, let's get out of here.
You ain't got the sack.	You haven't got the courage, you're not brave enough.
woodchuck (n)	"Waldmurmeltier"
good sense (n)	common sense ("gesunder Menschenverstand")
to suck	to hold something in your mouth and pull on it with your tongue and lips
dime-store (n)	a shop where you can buy cheap things
hood (n, inf)	thief, thug, gangster
This is big time. (inf)	This is a big thing. This is serious.

Sequence 9: Going Home

to get the credit	to get the thanks, the glory etc.
anonymous (adj)	"anonym"
to head somewhere	to go somewhere, move in a certain direction
barely (adv)	hardly
Labor Day	a public holiday in the USA (the first Monday of September)
eventually (adv)	in the end

busboy (n)	a young man who helps in a restaurant, esp. by taking away the dirty dishes
forklift operator (n)	the person who works with a forklift (truck), a vehicle with special equipment on the front to lift and move heavy objects
lumberyard (n)	a place where trees that have been cut down are kept or sold
jail (n)	prison
odd jobs (n)	"Gelegenheitsjobs"
to enrol	if you enrol at a college or university, you officially register to go there
to gut it out (inf)	here: to have the courage to do something, to fight your way through
lawyer (n)	a qualified person who gives people advice about laws and may represent them in court ("Anwalt")
to get into an argument	to start a fight
to break s.th. up	to stop something
to stab	to injure someone with a knife
almost (adv)	"fast, beinahe"
instantly (adv)	at the same moment

2. Bend It Like Beckham (2002) (dt.: Kick It Like Beckham)

Dieser Film über ein indisch-stämmiges Mädchen in England, das sich gegen die Rollenerwartung der elterlichen Sikh-Kultur auflehnt, um eine professionelle Fußballspielerin zu werden (und einen nicht-indisch-stämmigen Jungen zum Freund zu nehmen), war im Kino ein Überraschungserfolg. Die Popularität des Films verdankt sich in erster Linie der Tatsache, dass die Problematik des "culture clash" zwar die Grundlage des Plots bildet, aber so flott in Szene gesetzt wurde, dass der Film als unterhaltsamer Teenie-Film, sogar als Komödie rezipiert wurde. Das ernste Thema wird somit eher als leichte Kost serviert, wozu auch die konventionelle Dreiecks-Liebesgeschichte beiträgt. Insgesamt eignet sich "Bend It Like Beckham" daher am besten für einen Einsatz in der Sekundarstufe I, zum Beispiel in der Klasse 9. Da die Dialoge allerdings nicht leicht zu verstehen sind, ist abzuwägen, ob man zur Unterstützung die deutschsprachigen Untertitel einblendet (leider enthält die in Deutschland erhältliche DVD nur deutschsprachige, die britische DVD gar keine Untertitel; englischsprachige Untertitel gibt es nur in der US-Version, die auf europäischen DVD-Spielern üblicherweise nicht lauffähig ist).
Die Titel-Verwirrung entstand übrigens aus der Sorge, dass man den originalen Titel in Deutschland nicht verstehen würde, so dass dieser hier in "Kick It Like Beckham" umgewandelt wurde.

2.1 Die Hauptfiguren

Jesminder "Jess" Bhamra
Die zentrale Figur des Films, ein Mädchen indischer Abstammung, ist ein großer Fan von David Beckham und spielt selbst Fußball im Park; allein dadurch widerspricht sie dem Bild des typischen indischen Mädchens. Als sie von Jules als Fußballtalent entdeckt wird und zu den "Hounslow Harriers" kommt, beginnt ein großer Kampf an zwei Fronten: Jess muss sich gegen die konservativen Erwartungen ihrer Eltern durchsetzen, noch dazu verliebt sie sich in ihren Trainer Joe und gerät in Konflikt mit ihrer neuen Freundin Jules. Durch den ultimativen Freistoß in Beckham-Manier gewinnt sie schließlich den Kampf um ihre persönliche Freiheit und kann mit Jules in die USA gehen – und ihrer Liebe zu Joe nachgeben.

Jules Paxton
Ein modernes englisches Mädchen, das dennoch – ähnlich wie Jess – gegen die typische Rollenerwartung ankämpfen muss. Statt sich von ihrer Mutter herausputzen zu lassen, geht Jules lieber bei den "Hounslow Harriers" Fußball spielen. Selbstbewusst und entschlossen träumt sie sogar davon, Profi zu werden, wie es erfolgreiche Fußballerinnen wie Mia Hamm und Kelly Smith vorgemacht haben. Zwar bekommt sie am Ende Joe nicht, in den sie verliebt war, aber immerhin das ersehnte Fußball-Stipendium.

Joe
Der Trainer der "Hounslow Harriers", der die talentierten Mädchen fördern möchte. Er selbst kann nicht mehr in einer Mannschaft spielen, nachdem der übergroße Ehrgeiz des Vaters sein Knie ruiniert hat. Joe wehrt sich erfolgreich gegen Jules' Avancen, verliebt sich stattdessen in Jess. Durch einen Talentsucher verschafft er den beiden Mädchen schließlich ein Stipendium in den USA.

Mr. und Mrs. Bhamra
Jess' Eltern bemühen sich, ihre Kinder gemäß der indischen Tradition und der Regeln der Sikhreligion großzuziehen. In der westlich geprägten Kultur des heutigen England fällt dies nicht leicht, so dass sie zwangsläufig Zugeständnisse an ihre Kinder machen, was sich am Ende als richtig erweist: Beide Töchter finden das Glück, das sie sich gewünscht haben, und machen so auch die Eltern glücklich.

Pinky
Jess' ältere Schwester, die an der Oberfläche den traditionellen Erwartungen ihrer Eltern folgt und ihren indischen Freund heiratet; allerdings haben sich auch diese beiden all die Jahre zuvor heimlich getroffen. Pinky verrät Jess an die Eltern, unterstützt sie dann wieder, kann die Ambitionen ihrer Schwester aber nicht wirklich nachvollziehen.

Tony
Jess' Jugendfreund, der sie sehr gern hat, aber nur als Kumpel. Auch er ist ein Fan von David Beckham, allerdings auch, weil er ihn attraktiv findet – denn Tony ist homosexuell.

Mr. und Mrs. Paxton
Jules' Vater hat kein Problem mit dem fußballerischen Ehrgeiz seiner Tochter, im Gegenteil, er unterstützt sie. Ihre Mutter allerdings hätte lieber eine "typische" Tochter, mit der sie Kleidung kaufen könnte. Sie nimmt fälschlicherweise an, dass Jules kein Interesse am anderen Geschlecht hat und mit Jess eine Liebesbeziehung eingegangen ist. Diese scheinbare Erkenntnis ist für Jules' Mutter eine Katastrophe, auch wenn sie am Ende vorgibt, keine Vorurteile gegen Homosexuelle zu haben.

2.2 Sequenztabelle

sequence	**DVD chapters**	**plot**
1: Opening Sequence	01 (0:00:00-0:02:47)	Jesminder dreams about football and is told off by her mother
2: Shopping	01 (0:02:48-0:05:58)	Pinky and Jess go shopping for Pinky's wedding; Jules's mum wants to give her daughter cleavage
3: Engagement Party	02 (0:05:59-0:09:26)	Jess plays soccer in the park and is spotted by Jules; Pinky's engagement party
4: Soccer In The Park	02 (0:09:27-0:11:22)	more soccer in the park; Jules invites Jess for a trial
5: The Trial	03 (0:11:23-0:14:50)	Jess meets Joe, the coach; the trial goes fine, but she lies about her parents' allowing her to play football; Jules wants to become a professional; Jess likes Joe
6: Injuries	03 (0:14:51-0:18:41)	Jules's mother is against football, too; Jess shows Joe her scarred leg, he shows her his crippled knee
7: On The Team	04 (0:18:42-0:19:27)	preparation for the summer tournament
8: No More Football!	04 (0:19:28-0:23:49)	Jess is caught playing soccer in the park by her mother, who does not allow her to join the Hounslow Harriers; Tony and Jules persuade her to do so anyway
9: First Match	05 (0:23:50-0:26:04)	Jess scores in the first match and has a lot of fun in the team
10: Almost Exposed	05 (0:26:05-0:29:21)	Pinky finds out about Jess's secret and tells her off
11: The Shoes	06 (0:29:22-0:32:26)	Jess and Jules go shopping for football boots, but Mrs Bhamra finds out
12: Joe	06 (0:32:27-0:37:57)	Jess is attracted to Joe; Jules tells her about professional football in the USA; she, too, has a crush on Joe; Jess and Jules are spotted by Pinky's future mother-in-law, who thinks Jess has a boyfriend
13: Swear By Babaji	07 (0:37:57-0:40:43)	Pinky's wedding is cancelled because of Jess; she swears she doesn't have a boyfriend; Pinky gives away that Jess is still playing, so Jess has to quit
14: Father Speaks	07 (0:40:44-0:43:54)	Joe tries to talk to her parents, without success; Mr Bhamra does not want his daughter to face discrimination and disappointment, as he did as a cricket player in Britain
15: Hamburg, Here We Come	08 (0:43:55-0:46:19)	Jess secretly goes to Hamburg with the team; they lose the test match; meanwhile, Jess's father accidentally finds out where she has gone
16: Just A Little Wine	08/09 (0:46:20-0:50:05)	at a party in Hamburg, Jess and Joe try to kiss but are discovered by Jules, who gets mad
17: Consequences	09 (0:50:06-0:54:55)	Jules doesn't talk to Jess any more; even worse, Jess's parents pick her up from the airport; Pinky tries to talk Jess out of falling in love with a white boy; Joe claims he has forgotten about the kiss, but urges Jess to go on playing football

18: Jess Visits Jules	10 (0:54:56-1:00:15)	Jess unsuccessfully tries to make peace with Jules, whose mother overhears their conversation and thinks her daughter is a lesbian; Jess learns that her child-hood friend Tony likes her very much but does not want to marry her because he is homosexual
19: I Owe You Big Time	11 (1:00:16-1:07:27)	Pinky covers for Jess, who sneaks off to play for her team; but her father finds out and comes to watch her playing; Jess is sent off the field and told off by Joe; when they make peace, Jess's father interrupts; Pinky's wedding with Teetu is fixed – for the day of the final match of the tournament
20: The Scout	11/12 (1:07:28-1:13:07)	Jules and Joe make peace; Jules tries to persuade Jess to play in the final because an American talent scout is coming; Jess can't, and is depressed; Jules's mother begins to show interest in football; Jess receives good A-level results, so her parents want her to become a top lawyer
21: Before The Final	13 (1:13:08-1:19:32)	the team prepares for the final (without Jess), Pinky prepares for her wedding; Joes makes a final attempt to convince Jess's father to allow her to play, but fails; he also tells Jess that the scout is interested in both Jules and her
22: Endgame And Wedding Party	14 (1:19:33-1:24:59)	Pinky's wedding begins, so does the final; Jess looks so unhappy that her father allows her to leave and play in the final; when she joins the match, her team is 0:1 down, but Jules evens the score
23: Free Kick	15 (1:25:00-1:30:17)	when Jess is fouled, she gets a free kick to win the match; although she has a vision of her reproachful family forming the wall, she scores; they win, the talent scout is impressed; Jess and Jules are happy, but Jules's mother still thinks they are a couple; Jess returns to the wedding; Jules wants to join her, but when her mother drops her off, she gets furious and reproaches them with being lesbian
24: Final Conflict	16 (1:30:18-1:37:24)	Jules convinces her mother that she is not a lesbian; Jess wants to go to America with Jules, to become a professional player; to help her, Tony asks her parents for her hand, but she stops him; she does not want to lie any more and tells her parents that she wants to become a professional; her father takes her side, and in the end she is allowed to go; she tells Joe, who wants to kiss her, but she thinks a relationship with him would be too much for her parents
25: First Kiss	16 (1:37:25-1:41:45) without end titles	when Jess and Jules say goodbye to their parents at the airport, Joe shows up again, and they finally kiss; while the girls are in the US, Joe and Jess's father start playing cricket together

2.3 Synopsis und Interpretation

Sequenz 1: Opening Sequence (DVD chapter 01)
Der Film beginnt sofort in der aufregenden Welt des Profifußballs: Ein Ball rauscht durchs Bild, die erste Einblendung erscheint, und schon hört man das begeisterte Publikum und den lebhaften Kommentar John Motsons, der David Beckham und sein gereiftes Spiel lobt (hier noch für Manchester United). Kaum ist die Frage gestellt, wer eine der berühmten Flanken Beckhams verwandeln wird, da saust der zweite Ball durchs Bild und öffnet den Blick in das bekannte Old Trafford-Stadion, die Heimat ManUs. Sie spielen gegen den RSC Anderlecht, wir befinden uns offenbar in einem Spiel der Champions League, auf höchstem Niveau also. Wieder flankt Beckham, und endlich steigt jemand hoch, köpft ins Tor und wird von den Mitspielern, nicht zuletzt von "Becks" umjubelt: Es ist ein indisches Mädchen mit Namen Jess Bhamra.
Natürlich wird schon an dieser Stelle klar, dass hier etwas nicht stimmen kann. Ein Mädchen im Team von Manchester United ? Das Erstaunen wächst noch, als im Fernsehstudio ehemalige Fußballgrößen Englands wie Gary Lineker die junge Jess Bhamra als neue Hoffnung für Englands Fußball bezeichnen. Ebenfalls im Studio ist auch Jess' Mutter, die allerdings gleich loswettert, dass ihre Tochter Schande über die Familie bringe und ihre nackten Beine nicht vor 70.000 Menschen zeigen sollte. Direkt in die Kamera schimpft sie mit Jesminder, sie solle sofort nach Hause kommen.
Abrupt endet der Tagtraum. Mrs. Bhamra platzt in Jess' Zimmer und schimpft tatsächlich, weil diese sie nicht gehört hat, sondern ein Fußballspiel mit David Beckham im Fernsehen schaut. Ihre Mutter missbilligt das Fußball-Interesse ihrer Tochter. Sie schaltet den Fernseher ab, beschimpft Beckham als Skinhead und fordert Jess auf, bei den Vorbereitungen zur Hochzeit ihrer Schwester Pinky zu helfen.

Sequenz 2: Shopping (DVD chapter 01)
Pinky ist hysterisch, weil die Schwester ihres zukünftigen Verlobten Teetu ausgerechnet Rosa zur Verlobungsfeier tragen will, eben die Farbe, die Pinky selbst bevorzugt. Also müssen sie und Jess ein neues Kleid kaufen. Die Einkaufstour zeigt deutlich, dass Jess anders ist als ihre Schwester und ihre drei Cousinen, die sie in einem Schuhgeschäft treffen. Deren Interessen drehen sich nur darum, attraktiv auszusehen und das andere Geschlecht zu beeindrucken. Mit all dem hat Jess gar nichts am Hut: Sie trägt einen Jogginganzug und Turnschuhe, und es steht ihr klar ins Gesicht geschrieben, was sie von dem Gezicke der anderen hält.
Sie ist nicht die einzige, die nicht in das Rollenklischee passen will, das ihre Umwelt für sie geprägt hat. Auch Jules (eigentlich Juliette) wehrt sich gegen die Versuche ihrer Mutter, ihr ein Outfit zu verpassen, das ihre Weiblichkeit betont. Sie interessiert sich nicht für aufpumpbare Büstenhalter, lediglich für Sport-BHs. Die folgende kurze Szene bestätigt, dass Jess noch keine besonderen Ambitionen in Richtung des anderen Geschlechts hat; die Begegnung mit ihrem Freund Teetu und dessen Mutter zeigt, dass beide hinsichtlich dieses Themas eher Scheu empfinden und sich lieber über die Schule unterhalten (gerade wurden die "A-Level exams" abgehalten). Die Äußerungen von Teetus Mutter beweisen jedoch, wie sehr die Gedanken dieser Elterngeneration um die eheliche Zukunft ihrer Kinder kreisen, auch wenn diese noch recht jung sind.
Die Exposition stellt somit zwei weibliche Protagonisten vor, die trotz unterschiedlicher kultureller Herkunft auffällige Gemeinsamkeiten aufweisen: Beide lieben Fußball (vor allem David Beckham) und widersprechen somit den Erwartungen, die ihre Umwelt an sie stellt. Für beide sind Konflikte vorprogrammiert.

Sequenz 3: Engagement Party (DVD chapter 02)
In dieser Sequenz findet die erste, wenngleich noch distanzierte Begegnung der beiden Protagonisten statt. Während Jules allein durch den Park joggt, entdeckt sie Jess, die mit einigen indischen Jungen Fußball spielt und diese locker austrickst.
Daraufhin sehen wir Jess wieder zu Hause, bei ihrer anderen Lieblingsbeschäftigung: im Dialog mit dem Poster von David Beckham. Hier wird deutlich, was sie bewegt: dass Mädchen im Haushalt helfen müssen, Jungs aber nicht; und ob ein künftiger Ehemann sie wohl Fußball spielen lassen würde. Natürlich ist sie noch sehr jung, doch weiß sie, dass sich die Frage nach einem Ehemann für ein Mädchen ihrer Kultur früher stellt. Der Widerstand, den sie zu erwarten hat, wird angedeutet, als ihr Vater hereinplatzt, dem sie ihre Zweifel nicht anvertraut. Er bittet sie, für den anlässlich von Pinkys Verlobung bevorstehenden Besuch der Verwandten die Beckham-Bilder in ihrem Zimmer abzunehmen. Sie protestiert nicht, wohl auch, weil ihr Vater im Grunde sehr nett und liebevoll zu sein scheint. (Seine Haltung wird am Schluss die entscheidende Rolle spielen.)
Pinkys Verlobungsparty bestätigt Jess' Befürchtungen. Die Bemerkungen der Verwandtschaft müssen ihr wie eine Drohung erscheinen: "It's gonna be your turn soon. Do you want a clean-shaven boy like your sister, or a proper Sikh with a full beard and a turban ? It's only our men that have a big engine and full M.O.T. !" Dennoch wirkt die Inszenierung eher komödienhaft, da trotz allem Festhalten an der eigenen Kultur die Technik auch bei den älteren Sikh-Frauen Einzug gehalten hat – das Handy ist für sie ein unverzichtbarer Gegenstand des Alltags. Auch der Akt des Schenkens an das Brautpaar gestaltet sich prosaisch: Es werden ihnen einfach Geldscheine zugesteckt.

Sequenz 4: Soccer In The Park (DVD chapter 02)
Die nächste Szene zeigt Jess wieder beim Fußballspielen im Park. Zwei der Jungen beharken sich spaßeshalber mit den üblichen Machospielen, sehr zum Gefallen der drei Cousinen, die auf einer Parkbank sitzen und zuschauen. Als sie Jess zu sich rufen, um mehr über den "Traummann" zu erfahren, der sich gerade eher wie ein Menschenaffe geriert, bekommen sie eine Abfuhr: "We're not all slots like you lot !" Jess interessiert sich für das Fußballspielen, nicht für die Jungs.
Ihre fußballerischen Künste werden wieder von Jules beobachtet, die schließlich auf Jess zugeht und sie fragt, ob sie für eine Mannschaft spiele. Die Absurdität dieser Frage wird ihr sogleich von einem der Jungen vorgehalten: "Like who ? Southall United Sari Squad ?" Jules kümmert sich nicht darum, sondern geht sogar einen Schritt weiter, indem sie Jess zu einem Probetraining beim Mädchenteam der "Hounslow Harriers" einlädt. Sie könnten frisches Blut im Team gebrauchen, zumal bald ein Sommerturnier anstehe. Jess kann kaum glauben, gut genug für eine Mannschaft zu sein, will sich die Chance aber nicht entgehen lassen.

Sequenz 5: The Trial (DVD chapter 03)
Unmittelbar folgend wird der Mädchenfußball dynamisch in Szene gesetzt. Jess ist begeistert und stellt sich voller Erwartung dem Trainer Joe vor, der anfangs allerdings wenig aufgeschlossen scheint, zumal Jess noch nicht einmal Fußballschuhe ihr Eigen nennt. Doch Jess kann ihn überzeugen, vor allem im Zusammenspiel mit Jules. Daher erklärt Joe nach dem Training, dass sie wiederkommen könne. Da er noch nie eine Fußball spielende Inderin gesehen hat, fragt er, ob ihre Eltern denn einverstanden seien. Die Rollenerwartung ihrer Kultur zwingt sie zur Lüge: "Your folks up for it ?" – " Yeah, they're cool." Natürlich weiß der Zuschauer längst, dass gerade ihre Mutter alles andere als "cool" ist.
Jules setzt der positiven Erfahrung noch die Krone auf, indem sie von ihrem Plan erzählt, Profifußballerin in den USA werden zu wollen, wo es sogar eine Profiliga für Frauen gebe. Für Jess, die zwar ein Beckham-Fan ist, von diesen Möglichkeiten aber noch nichts gehört hat,

eröffnet sich eine ganz neue Welt. Freilich liegen die Hindernisse für sie noch deutlich höher als für Jules.
Wieder zu Hause, eröffnet Jess ihrem Beckham-Poster, dass sie nicht nur der Fußball der Mädchen beeindruckt hat, sondern auch der Trainer: "The coach likes me. He really knows his stuff." Sie empfindet auch Mitgefühl für ihn, da er seit seiner Knieverletzung nicht mehr für das Männerteam spielen kann; doch deutet sich in ihrer Mimik an, dass auch andere Gefühle im Spiel sind. Darüber hinaus beneidet sie ihre neue Freundin: "Jules is so lucky. Her mum and dad must really support her to let her go all the way to America to play. I don't even know how to tell my mum and dad about Hounslow Harriers."

<u>Sequenz 6: Injuries (DVD chapter 03)</u>
Wie sich sogleich zeigt, unterschätzt sie die Erwartungen, die eine typisch britische Mutter an ihre Tochter hat. Als Jules mit ihrem Vater im Garten Fußball spielt und einen Blumentopf trifft, ergießen sich über beide die Vorwürfe von Mrs. Paxton: Der Vater nehme nicht wahr, dass er eine Tochter habe und keinen Sohn, und Jules benehme sich wie ein Junge und dürfe sich somit nicht wundern, dass sie noch keinen Freund habe. Ihre Mutter weiß nicht, dass sich Jules durchaus für ihren Trainer Joe interessiert, aber eben nicht in derart aufdringlicher Weise wie andere Mädchen in ihrem Alter.
Beim nächsten Training kommen sich Joe und Jess auf ungewöhnliche Weise näher, wodurch die Problematik des "love triangle" vorbereitet wird. Zunächst zeigt sich Jess' Scheu in der Umkleide, da sie ihren Oberkörper nicht vor den anderen Mädchen entblößen will. Dann bleibt sie zunächst auf der Tribüne sitzen, während die anderen längst mit dem Training begonnen haben. Das Unbehagen, in kurzer Hose zu spielen und somit ihre nackten Beine zu zeigen, kommt dabei weniger von dem Druck, den sie hierfür von ihrer Mutter zu erwarten hätte; sie schämt sich, weil sie eine hässliche Brandwunde am rechten Oberschenkel hat. Für Joe ist das jedoch kein Problem, er zeigt ihr seine Knienarbe und tröstet Jess damit, dass sie – im Gegensatz zu ihm – mit ihrer Narbe immerhin noch spielen könne. So hilft er ihr, die erste Scheu zu überwinden.

<u>Sequenz 7: On The Team (DVD chapter 04)</u>
Nachdem Jess fest im Team aufgenommen ist, beginnen die Vorbereitungen für das Sommerturnier. Jess übt insbesondere das Anschneiden ("bending") von Freistößen, für das ihr großes Vorbild David Beckham so berühmt ist. (Ein Freistoß wird am Ende des Films ihren Durchbruch bringen.)

<u>Sequenz 8: No More Football ! (DVD chapter 04)</u>
Auf dem Rückweg vom Training schaut sie noch einmal im Park vorbei. Die Jungs machen sich über ihre Narbe lustig, woraufhin Tony wütend wird, doch Jess schlägt auf ihre eigene Weise zurück, indem sie das größte Großmaul einfach ausspielt. Dieser kann sich nicht anders helfen, als sie hochzuheben und über die Schulter zu legen, was zu einer peinlichen Szene führt: Sie werden von Jess' Mutter entdeckt, die zu Hause eine Schimpftirade loslässt. Während ihr Vater besonnen bleibt und Jess lediglich klarzumachen versucht, dass durch die Verlobung ihrer Schwester auch andere Ansprüche an sie gestellt würden, wird der Konflikt in den Worten der Mutter viel deutlicher. Als Jess meint, Pinky würde schließlich heiraten, nicht sie selbst, bekommt sie zu hören: "I was married at your age. And you don't even want to learn how to cook daal." Jess verspricht, nicht mehr mit Männern zu spielen, möchte ihren Eltern gegenüber aber offen sein und erzählt ihnen, dass sie in einem Mädchenteam spielen will. Natürlich stößt sie auf den Widerstand ihrer Mutter, die ihr auch noch vorwirft zu lügen, da der Trainer ja doch ein Mann sei. Die Ansprüche der Bhamras an ihre Tochter werden zementiert: "What family will want a daughter-in-law who can run around kicking football all day but who can't make round chapattis ?"

Auffällig ist schon in dieser Szene, dass Jess' Vater wenig vorwurfsvoll dreinblickt, eher ein wenig traurig. Er versucht auch, seine Frau zu beschwichtigen, die sich aber in Rage redet und eine junge indische Frau als Negativbeispiel anführt, die zwar Modedesignerin geworden, aber mittlerweile geschieden sei; aus Scham habe die Mutter der jungen Frau seitdem keinen Fuß mehr in den Tempel gesetzt. Außenwirkung und rollentypisches Verhalten scheinen ihr wichtiger als Eigenbestimmung und Selbstverwirklichung. Und so spricht sie das Verbot aus: "I don't want this shame on my family. That's it ! No more football !" In abgeschwächter Form stimmt Jess' Vater zu: "You must start behaving like a proper woman." Ganz wohl fühlt er sich bei dieser Bevormundung aber offensichtlich nicht.
Die anschließende Szene im Park zeigt Jess mit ihrem Kumpel Tony, dem sie ihr Herz ausschüttet. Sie beklagt sich über die Einschränkungen durch ihre Eltern, denen sie einfach nicht indisch genug sei, wobei sie doch schon auf all jene Dinge verzichtet habe, die gleichaltrige englische Mädchen tun: ins Kino gehen, Make-up tragen, enge Röcke anziehen, Jungs aufreißen. All das will sie gar nicht, nur das eine: Fußball spielen. In ihren eigenen und den Vorstellungen ihrer Eltern treffen zwei Welten aufeinander, wie Jess' rhetorische Frage zeigt: "Anyone can cook aloo gobi, but who can bend a ball like Beckham ?"
Tony sieht das Ganze viel lockerer; er empfiehlt ihr, heimlich weiter zu spielen, schließlich habe sich Pinky auch jahrelang heimlich mit Teetu getroffen, ohne dass hierdurch ein Schaden entstanden sei. Jules, die hinzu kommt, schlägt in dieselbe Kerbe. Sie deutet an, ähnliche Probleme mit ihrer Mutter gehabt zu haben, und appelliert zusätzlich an Jess' Teamgeist – da ein amerikanischer Talentsucher komme, brauche sie Jess' Unterstützung. Als Alibi soll ein Job bei HMV herhalten. Man sieht Jess schon an, dass sie der Versuchung nicht wird widerstehen können.
Der Schluss der Szene spielt noch einmal kurz darauf an, dass Jess scheinbar noch kein Interesse an Jungs hat. Jules hält Tony für Jess' Freund, doch beide verneinen dies vehement und wirken, als hätte man sie bei einer verbotenen Tat ertappt. Dabei wird sich schon bald zeigen, dass auch Jess Gefühle für das andere Geschlecht entwickelt, wenngleich nicht für Tony – der sich ohnehin, wie sich später herausstellt, eher für das eigene Geschlecht interessiert.

Sequenz 9: First Match (DVD chapter 05)
Tatsächlich gaukelt Jess ihrer Familie vor, als Aushilfe bei HMV zu arbeiten, und geht stattdessen zum Fußballspielen. Untermalt mit peppiger Musik, zeigen die Szenen die ersten erfolgreichen Spiele des Sommerturniers und den Spaß, den die Mädchen zusammen beim Training haben. Zugleich lernt Jess, indische Gerichte zu kochen, wenn sie auch lieber mit den Salatköpfen Fußball spielt. Im richtigen Spiel erzielt sie sogar ihr erstes Tor (zumindest das erste, das der Zuschauer sieht).

Sequenz 10: Almost Exposed (DVD chapter 05)
Doch das Glück hält nicht lange. Pinky, die wie ihr Vater im Flughafen Heathrow arbeitet, hat Feierabend und vertreibt sich die Zeit mit Teetu, und zwar im Auto auf dem Parkplatz. Als ihre Mutter anruft, weil an diesem Tag die Näherin zum Maßnehmen für die Hochzeitskleider kommen soll, verspricht Pinky, auf dem Heimweg Jess bei HMV abzuholen – wo sie ihre Schwester natürlich nicht antreffen wird.
Bevor der Konflikt ausbricht, wird durch die folgende Szene noch einmal daran erinnert, dass Jess ihren Eltern verheimlicht hat, dass sie bei den "Hounslow Harriers" mitspielt. Die Mädchen unterhalten sich in der Umkleide über Jess' Situation und die allgemeinen Regeln, die für Mädchen wie sie gelten. Die Heirat ihrer Schwester ist zwar ein "love match", also keine arrangierte Hochzeit, doch liegt eine solche immer noch im Bereich des Möglichen. Auf jeden Fall, so Jess, müsse sie selbst wohl auch einen indischen Mann heiraten, wobei die Alternativen nicht alle gleich unmöglich klingen: "White, no. Black, definitely not. Muslim–" sie macht die Geste des Kehle-Durchschneidens.

Die anderen Mädchen können nicht nachvollziehen, dass die indischen Mädchen diese Bevormundung hinnehmen. Jess' Erklärung klingt simpel: "It's our culture, that's all." Wie eine ureigene Überzeugung hört sich das nicht an. Immerhin findet sie es besser, als mit Jungs herumzuschlafen (was die anderen Mädchen gerade besonders toll finden). Nach dem, was man bisher über Jess erfahren hat, kann man allerdings sicher sein, dass sie hier wirklich sagt, was sie denkt.
Als Jess zu Hause eintrifft, droht die Katastrophe. Ihre Mutter fragt, warum sie nicht mit Pinky gekommen sei, doch bevor Jess sich etwas einfallen lassen kann, kommt Pinky nach Hause und wird von der Mutter gefragt, warum sie Jess nicht abgeholt habe. Noch hält Pinky zu ihrer kleinen Schwester, aber nur weil sie denkt, diese habe endlich einen heimlichen Freund (so wie sie selbst sich jahrelang heimlich mit Teetu traf). Als Jess ihr unter vier Augen verrät, dass sie in Wirklichkeit Fußball spiele, ist Pinky geschockt: "It's worse than I thought. [...] If you're gonna go to all this bother lying, at least do it for something good !" Sie möchte, dass Jess sich herausputzt, doch die Mutter kommt dazwischen und versichert, dass Jess jetzt ein braves Mädchen sei und auch schon gut indisch kochen könne. Freilich ahnt sie nicht, dass Jess einen ganz eigenen Weg gefunden hat, ihre Eltern zu hintergehen.

<u>Sequenz 11: The Shoes (DVD chapter 06)</u>
Die folgende Szene, in der die Näherin Poli die Maße für Pinkys Kleid und auch für Jess' Sari nimmt, verdeutlicht noch einmal den Unterschied zwischen den beiden Schwestern. Während Pinky ihre Oberweite so gut wie möglich betonen möchte, will Jess das Gegenteil. Ewig im Haus bleiben soll sie aber nicht, weshalb die Mutter eingreift: "Dressed in a sack, who is going to notice you ?"
Jess muss einlenken, nutzt aber die Situation und bittet um Geld, um Schuhe kaufen zu können, die zum Sari passen. Wieder ist die Mutter froh, dass ihre jüngste Tochter nun doch vernünftig zu werden scheint, und wieder ist sie im Irrtum. Denn Jess und Jules ziehen gemeinsam los, um endlich Fußballschuhe für Jess zu kaufen, haben wieder eine Menge Spaß dabei und gehen sogar in einen Pub (Jules trinkt Bier, Jess nur Cola).
Bei der Rückkehr nach Hause fällt zunächst erneut ein kleiner Unterschied zwischen den beiden Elternteilen auf: Die Mutter sieht gern den indischen (und etwas albern wirkenden) Showkanal, der Vater möchte, dass sie abschaltet. Er liest stattdessen den Guardian, scheint demnach "aufgeklärter", ein wenig angepasster an die Kultur, in die er eingewandert ist.
Kaum kommt Jess zur Tür herein, überschlagen sich die Ereignisse. Pinky entreißt ihr die Tüte, um die neuen Schuhe zu sehen, und löst damit die Katastrophe aus. Jess will die Tüte wieder an sich bringen, wobei ihre Mutter den Rauch aus dem Pub riecht und glaubt, Jess habe selbst geraucht. Schon steht der Vater auf und lässt sich von seiner Tochter anhauchen, die beteuert, nur in einem Pub auf die Toilette gegangen zu sein. Er glaubt ihr, doch im selben Moment entdeckt die Mutter die billigen Schuhe, die Jess für den Sari gekauft hat (um mehr Geld für die teuren Fußballschuhe übrig zu haben). Zur Krönung holt Pinky auch noch die Fußballschuhe hervor. Die Eltern sind enttäuscht, eine weitere Diskussion wird nicht gezeigt.

<u>Sequenz 12: Joe (DVD chapter 06)</u>
Dem anschließenden Gespräch zwischen Jess und Jules beim Training lässt sich allerdings entnehmen, dass Jess die Schuhe zurückbringen soll, da sie ein besseres Paar für die Hochzeit braucht. Jules will ihr aushelfen, doch zunächst geraten beide in das Visier ihres Trainers Joe, weil sie während der Übungen herumquatschen. Jess wird weggeschickt, um fünf Runden um den Platz zu laufen. Als die anderen das Training beendet haben, läuft Jess immer noch, humpelt allerdings. Joe kommt hinzu und untersucht ihren Fuß, wobei sich zwischen den beiden ein Gespräch entwickelt, in dem sie sich näher kommen. Jess hat eine Verletzung verschwiegen, weil sie nicht schwach wirken wollte, was Joe als dumm bezeichnet. So erfährt der Zuschauer mehr über ihn: Sein Vater war zugleich sein Trainer und trieb ihn immer weiter, ob-

wohl die Talentsucher Joe zu schmächtig fanden. Weil er vor seinem Vater nicht schwach erscheinen wollte, spielte er trotz Schmerzen. Es endete damit, dass Joes sein Knie ruinierte. Deshalb bezeichnet er seinen Vater als "bastard"; als Jess einwirft, dass er so nicht über seinen Vater reden solle, erwidert er bloß: "You don't know my dad."

Die Blicke, die sie Joe zuwirft, während er ihren Fuß untersucht, deuten schon an, dass Jess sich in ihren Trainer verliebt hat. Von diesem Moment an spielt er in der Handlung eine wichtige Rolle. Zudem ist der Konflikt vorprogrammiert, da auch Jules als einen Blick auf Joe geworfen hat.

Dies ruft die unmittelbar folgende Einstellung in Erinnerung, die ein Foto von Joe und Jules zeigt. Die Szene spielt in Jules' Zimmer, die Joe ein paar Schuhe für die Hochzeit anbietet, die sie ihrer Mutter stibitzt hat. Man sieht Jess den Gewissenskonflikt wegen des Trainers an, sie sagt aber nichts. Stattdessen zeigt Jules ihr ein Video über den professionellen Frauenfußball in den USA und die bekannte Spielerin Mia Hamm, deren Stiftung ("The Mia Hamm Foundation") sich unter anderem der Unterstützung weiblicher Sportprofis verschrieben hat. Jess ist erwartungsgemäß begeistert zu sehen, dass der Frauenfußball in den USA eine Popularität genießt, die weit über das eher schwache Interesse in Europa hinausgeht.

Da Jules denkt, dass auch für Jess eine solche Karriere in Frage kommt, fragt sie nach, wann Jess ihren Eltern denn endlich von ihren Fußballaktivitäten erzählen wolle. Jess windet sich noch, doch Jules drängt sie: "You can't keep lying, you're too good." Leider wird die Unterhaltung nicht fortgesetzt, da Jules' Mutter hinzukommt. Diese glaubt, dass Jess aufgrund ihres kulturellen Hintergrunds wohl nichts mit Fußball im Sinn habe, sondern von ihren Eltern sicher bald mit einem gut aussehenden Arzt verheiratet werde. Natürlich wünscht sie sich dasselbe für ihre eigene Tochter. Als sie erfährt, dass Jess in Jules' Fußballmannschaft mitspielt, ist sie entsprechend konsterniert.

Die nächste Szene zeigt die Reaktion der beiden Mädchen, die sich an der Bushaltestelle hysterisch lachend in den Armen liegen. Von beiden unbemerkt, fährt ein Auto vorbei, dessen Insassen nur Jules' Rücken sehen, wodurch der Eindruck entsteht, dass Jess mit einem Jungen knutscht (zumal Jules kurze Haare hat). Es sind die Eltern von Teetu, Pinkys Verlobtem; das entsetzte Gesicht der Mutter lässt ahnen, was bald auf Jess zukommt.

Zunächst aber fragt Jess etwas scheinheilig nach, ob Jules an Joe interessiert sei. Jules kann das nicht wirklich verneinen, sondern gibt indirekt zu, wo sie mit Joe hinwollte, wenn sie könnte: "He's gonna get sacked when he's caught shagging one of his players." Sie wünschte sich, einen Jungen zu finden, der genau wie Joe wäre, aber eben nicht "off-limits". Jess' Bemerkung, sie hoffe auch, einen indischen Jungen wie Joe zu finden, löst bei Jules Gelächter aus. Sie merkt nicht, dass sich auch Jess in den Trainer verguckt hat.

<u>Sequenz 13: Swear by Babaji (DVD chapter 07)</u>

Als Jess nach Hause kommt, ist ihre Schwester Pinky in Tränen aufgelöst. Teetus Eltern sind zu Besuch, es ist offensichtlich etwas vorgefallen, das mit Jess zu tun hat, denn alle starren sie an. Als Teetus Eltern aufbrechen, deutet ein letzter Wortwechsel die Ursache des Problems an: Mr. Bhamra spricht entschuldigend von den Schwierigkeiten, die ihre Kinder in der westlich geprägten Welt hätten, so dass sie sich manchmal benähmen wie einheimische Kinder. Doch Teetus Mutter gibt ihm die Schuld: "All I know is that children are a map of their parents." Teetus Eltern verlassen das Haus.

Nun erfährt Jess, was zu dieser überaus peinlichen Situation geführt hat. Schwester und Mutter gehen auf sie los und beschimpfen sie: "Stupid flipping cow !" – "You ruined your sister's life !" Pinky eröffnet ihr wütend, dass ihre Hochzeit wegen Jess abgesagt worden sei. Jess versteht gar nicht, was los ist, doch die Mutter erklärt: "They saw you being filthy with an English boy !" Die Wortwahl verrät hier deutlich die Verachtung, die ihre Mutter – zumindest nach außen hin – für voreheliche Beziehungen, zumal mit einem englischen Jungen, empfindet.

Jess streitet die Vorwürfe überzeugt ab, bezeichnet ihre Familie sogar als verrückt, was den sonst so ruhigen Vater wütend macht. Doch Jess erklärt, dass sie lediglich mit Jules an der Bushaltestelle gewesen sei, die sie natürlich auch nicht geküsst habe. Ihr Vater lässt sie auf den Spirituellen Babaji schwören (dessen Bild im Wohnzimmer an zentraler Stelle hängt), was Jess ohne Zögern tut. Die Eltern lassen damit von ihr ab, und die Mutter erklärt sich die Absage der Hochzeit sogar damit, dass Teetus Eltern ohnehin nur eine Ausrede für die Absage gesucht hätten und sich für etwas Besseres hielten.
Pinky allerdings gibt immer noch Jess die Schuld und verrät in ihrer Wut, dass Jess nach wie vor Fußball spielt und der Sommerjob bei HMV eine Lüge war. Der Verrat wird jedoch sogleich bestraft, denn ihre Mutter weiß mehr, als Pinky glaubt: "Oh God, why did you give me two deceiving daughters ?" [...] Do you think I didn't know that you were sneaking out with that good-for-nothing Teetu as well ?"
So ist die Lage zunächst trist: Der Vater nimmt die Hochzeitsdekorationen wieder vom Haus, die Mutter ist über ihre Töchter enttäuscht, Pinky verzweifelt, und Jess sitzt zwischen allen Stühlen. Trotz allem tröstet sie ihre Schwester.

<u>Sequenz 14: Father Speaks (DVD chapter 07)</u>
Da Jess zum zweiten Mal nicht zum Training erschienen ist, erkundigt sich Joe bei Jules, was denn mit ihrer Freundin los sei. Erst jetzt erfährt er, dass Jess ihr Fußballspielen vor den Eltern verheimlicht hat. Er möchte ihr beistehen und ein gutes Wort für sie einlegen, bringt also den Mut auf, zu den Bhamras zu gehen und das Gespräch zu suchen, und zeigt sich dabei sehr höflich und zurückhaltend. Doch an dieser Stelle bekommt der Widerstand der Eltern eine neue Dimension, da zum ersten Mal der Vater seine ganz persönlichen Gründe dafür offen legt, seiner Tochter keine Karriere als Fußballspielerin erlauben zu wollen: Zu Hause in Nairobi war er ein hervorragender Kricketspieler, als er aber nach England kam, ließ man ihn in keinem Team mitspielen. Stattdessen erfuhr er Hohn und Spott. Er glaubt auch nicht, dass sich die Situation mittlerweile geändert habe, denn schließlich spiele kein Inder in den englischen Ligen. Daher sieht er auch für seine Tochter keine Chance und möchte ihr die Enttäuschung, die er erlebt hat, ersparen: "I don't want you to build up Jesminder's hopes. She will only end up disappointed like me."
Dass sich die indisch-stämmige Minderheit innerhalb der englischen Gesellschaft selbst gegenüber anderen Minderheiten benachteiligt fühlt, zeigt sich, als Jess einwirft, dass doch immerhin Nasser Hussein Kapitän des englischen Cricket-Teams sei. Ihre Mutter entkräftet das Argument sofort, indem sie hervorhebt, dass Hussein ein muslimischer Name sei und Moslem-Familien eine größere Akzeptanz erführen. Jess' entnervte Reaktion bezeugt, dass sie gegen die festgefahrene Meinung ihrer Mutter nicht ankommt. Nicht nur an dieser Stelle im Film wird klar, dass die Sikh gegenüber Moslems eine tiefe Abneigung empfinden.
So scheitert Joes gut gemeinter Versuch, die bestehenden Verhältnisse zu verändern. Jedoch hat er einen wichtigen Schritt getan, indem er den Dialog zwischen den Kulturen eröffnet hat. Womöglich besteht im Laufe der Zeit die Chance, dass der Vater, der seinen eigenen Traum nicht mehr erfüllen kann, doch seiner Tochter zumindest den Versuch gestattet, den ihren zu verwirklichen.
Als Jess Joe zu seinem Wagen begleitet, berichtet er, dass das Team für den kommenden Samstag zu einem Spiel nach Deutschland eingeladen sei. Er bedauert, dass Jess nicht mitkommen darf, und überredet sie indirekt zum Widerstand gegen ihre Eltern: "I can see what you're up against. But your parents don't always know what's best for you, Jess." Wie wir wissen, spricht er aus eigener bitterer Erfahrung. Dennoch hat Jess angesichts der Kultur, aus der ihre Eltern stammen und mit der auch sie selbst groß geworden ist, zweifellos höhere Hürden zu überwinden als Joe.
Als es am Samstag dann losgehen soll nach Hamburg, taucht Jess in letzter Minute doch noch auf. Pinky bringt sie, also haben sich die beiden versöhnt und halten wieder zusammen. Wie

Jess ihrem Trainer erklärt, will Pinky zu Verwandten nach Croydon fahren und vorgeben, Jess mitgenommen zu haben. Joe will hierfür keine Verantwortung übernehmen, ist aber sichtlich froh: "I didn't hear that !"

Sequenz 15: Hamburg, Here We Come (DVD chapter 08)
Die Reise nach Hamburg wird zu einer vorübergehenden Befreiung für Jess. Die Mädchen haben viel Spaß, sind ausgelassen und spielen am Abend gegen die deutsche Mannschaft so gut, dass es zum Elfmeterschießen kommt. Jess' Glück ist noch nicht von Dauer, sie verschießt den entscheidenden Elfmeter. Der Fehlschuss ist symbolisch: Noch ist Jess nicht so weit, ihre Freiheit zu erringen. Die wichtigste Bewährungsprobe steht ihr noch bevor.

Sequenz 16: Just A Little Whine (DVD chapter 08/09)
Nachdem Jess ihre Eltern angerufen hat und dabei natürlich so tut, als sei sie mit Pinky in Croydon, äußert ihre Mutter die Hoffnung, dass nun alles seinen guten Weg gehen werde; Pinky werde einen neuen Mann finden und Jess das Fußballspielen vergessen. Da schlägt der Vater die Zeitung auf und sieht ein Bild der Mädchenmannschaft der "Hounslow Harriers", zusammen mit einem Artikel über die aktuelle Hamburgreise. Sofort wird er misstrauisch und fordert seine Frau ungeduldig auf, noch einmal in Croydon anzurufen. Obwohl der Zuschauer den Ausgang des Gesprächs nicht sieht, kann er antizipieren, dass der heimliche Plan auffliegen wird.
Und es kommt, zumindest vorläufig, noch schlimmer. Die Mädchen wollen in Hamburg in einen Club gehen, worauf Jess natürlich nicht vorbereitet ist. Sie wehrt sich zuerst, auch weil sie weiß, dass ihre Eltern ihr eine solche Unternehmung nie erlauben würden. Doch Jules holt ihre Kameradin Mel hinzu, mit deren Hilfe Jess so herausgeputzt wird, dass es Joe die Sprache verschlägt.
Ganz englischer (eigentlich irischer) Gentleman, hält Joe sich in der Disko vornehm zurück und will auch nicht mit Jules tanzen; erst als Jess hinzukommt, gibt er nach. In diesem Moment fällt auch auf, dass Jess offenbar Wein trinkt, was nicht nur gegen ihre Erziehung ist, sondern auch gegen ihre Gewohnheit. In ihrer ungewohnten Ausgelassenheit lässt sie sich sogar von Joe zum Tanzen auffordern, doch dann wird ihr schwindlig, so dass sie an die frische Luft geht. Joe folgt ihr und fängt sie auf, als sie ins Straucheln gerät. Das Unheil bahnt sich an, zumal Jules nun auch die Tanzfläche verlässt, um nach den beiden zu sehen.
Jess beginnt nun Joe offen zu gestehen, was sie für ihn empfindet. Sie bewundert ihn für den Mut, mit dem er ihren Eltern entgegen getreten ist, und spielt auf seinen Vater an, der im Vergleich zu ihrer Mutter doch nicht so schlimm sein könne. Er widerspricht und macht gleichzeitig deutlich, dass er keine Familie brauche. In diesem Sinne verkörpern die beiden zwei Extreme: Sie fühlt sich zwar in ihrer Familie gefangen, ihr jedoch auch verbunden, während Joe seiner Familie ganz den Rücken gekehrt hat. Solche Gedanken spielen für Jess allerdings im Moment keine Rolle, denn sie fühlt sich so sehr zu Joe hingezogen, dass sie versucht, ihn zu küssen. Bevor er darauf eingehen kann, greift Jules ein: "You bitch !" Wütend stürmt sie davon und lässt die beiden peinlich berührt zurück.
In diesem Moment entsteht eine weitere zentrale Frage: Können Jess und Joe zusammenkommen, und haben sie eine Zukunft ? Die Widerstände, mit denen sich Jess bei der Erfüllung ihrer Träume konfrontiert sieht, sind gewaltig: Ihre Eltern werden nach Jess' neuerlichem Ausbruchsversuch so weit davon entfernt sein wie nie zuvor, ihr eine Laufbahn als Fußballerin zu ermöglichen; und mit ihrer bislang wichtigsten Verbündeten und Freundin hat sie es sich gründlich verdorben, indem sie sich an deren Traummann herangemacht hat. Ein Hoffnungsschimmer ist immerhin darin zu sehen, dass Joe ihre Gefühle zu erwidern scheint.

Sequenz 17: Consequences (DVD chapter 09)

Bei der Ankunft des Vereinsbusses am heimischen Fußballfeld bestätigt sich als erstes, dass Jules kein Wort mehr mit Jess reden will. Die nächste Überraschung wartet in Form ihrer Eltern, die zusammen mit Pinky gekommen sind, um Jess abzuholen. Ihre schweigende Anklage und Enttäuschung sowie Pinkys betrübtes Gesicht wirken schlimmer, als es jedes Gezeter wäre.

Vorläufig herrscht also eine sehr gedrückte Stimmung. Pinky und Jess fügen sich in die Rolle der braven Töchter und stehen am Herd, während ihre Eltern versuchen, das Geschehene zu verarbeiten. Sie machen sich Vorwürfe und fragen sich, ob die Annäherung an die westliche Kultur vielleicht ein Fehler gewesen sei: "What haven't we done for these girls ? We bought a car for Pinky. Jessie wanted computer, music centre, TV, video." Hierbei muss man allerdings kritisch anmerken, dass diese "Anpassung" rein äußerlicher, materieller Natur war. Medien wie Fernsehen und Video erlauben lediglich einen indirekten Zugriff auf eine fremde Kultur; eine echte Anpassung erfordert jedoch eine unmittelbare Integration, zu der die Bhamras bisher nicht bereit sind. Die Mutter hängt an dem einengenden Frauenbild, in dem sie selbst aufwuchs, und der Vater nimmt die Diskriminierung, die ihm als jungem Einwanderer widerfuhr, als geschriebenes Gesetz, das auch seiner Tochter immer noch jeden sportlichen Aufstieg verbiete.

In schlimmen Zeiten rückt man zusammen, so auch Jess und Pinky. Immer noch trauert die ältere Schwester der geplatzten Hochzeit nach, woraus Jess entnimmt, dass Pinky weiß, was wahre Liebe ist. So fragt sie: "Pinks, how do you know Teet's the one ?" Pinky versichert ihr, dass man die wahre Liebe daran erkenne, dass man einfach alles für die geliebte Person tun würde. Aus Jess' Sicht heißt das: Wenn du Joe wirklich liebst, musst du für diese Liebe kämpfen, gegen alle Widrigkeiten. Aus dieser Erkenntnis resultiert ihre nächste Frage: "Do you think Mum und Dad would still speak to me if I ever brought home a gorah ?"

Pinky reagiert geschockt, beinahe aggressiv, aber im besten Willen. Sie erfasst sofort, dass es um Joe geht, da dieser mit ihren Eltern gesprochen hat. Als Jess versichert, dass nichts passiert sei, warnt Pinky sie, dass dies auch so bleiben müsse. Denn sie gibt einer Beziehung mit einem nicht-indischen Jungen keine Chance: "But do you really want to be the one that everyone stares at at every family-do 'cause you've married the English bloke ?" Pinky spricht hier ein heikles Thema an: die Diskriminierung von innen, die fehlende Bereitschaft der indisch-stämmigen Einwanderer, sich mit der westlichen Kultur in letzter Konsequenz zu verbinden. Auf der anderen Seite betont sie, dass sich die gesellschaftliche Situation für indische Männer doch so weit verbessert habe, dass diese inzwischen auch gute berufliche Perspektiven hätten und damit eine gute Partie seien. Sie nennt Tony als Beispiel, Jess' Jugendfreund, der doch vernarrt in sie sei. Wie sich später herausstellt, hat er Jess tatsächlich sehr gern. Aber er liebt sie nicht auf dieselbe Weise, wie er Beckham liebt...

Zwei kurze Szenen zeigen die traurige Verfassung der beiden Hauptfiguren: Beide igeln sich in ihren Betten ein, Jules wirft (klischeehaft) das Foto weg, das sie und Joe zeigt. Jess zieht es noch einmal zurück zum Fußballclub, wo Joe gerade mit zwei Männern gesprochen hat. Wie Jess bemerkt, war einer der beiden der Clubpräsident. Joe berichtet, dass er für die Position des Assistenztrainers der Herren-Mannschaft in Frage komme, was natürlich ein Aufstieg wäre. Seine Aussage, man dürfe aber nie fest mit etwas rechnen, zeugt von Resignation. Beiden fällt es sichtbar schwer, mit der Situation umzugehen. So erklärt sich auch Joes abblockende Reaktion, als Jess über die Begegnung in Hamburg sprechen will, und er versichert: "I've already forgotten about it." Jess' antwortet ebenfalls nicht ehrlich, denn bei ihrer Antwort "Yeah, good, me too" stehen ihr die Tränen in den Augen.

Es ist klar, dass die beiden nicht zusammenkommen können, so lange Jess' Gesamtsituation nicht geklärt ist. Als Joe sie hierauf anspricht, beschreibt Jess den Konflikt, in dem sie sich befindet: "I feel like I'm either gonna let the team down or I'll piss them [her parents] off, and I don't want to upset anyone." Sie weiß, dass ihre Eltern sie bloß beschützen wollen, um sie

nicht zu verlieren: "This is taking me away from everything they know." Sie sehen in Jess' Motivationen einen Ausbruch aus ihrer eigenen Kultur, zu dem sie selbst nie bereit wären. Joe gibt ihr zu bedenken, dass sie nicht das Leben ihrer Eltern leben solle, weil sie genau das ihnen sonst eines Tages vorhalten werde. Jess gibt zurück: "What, like you ?" Sie spielt darauf an, dass Joe seinen Vater für seine jetzige Situation verantwortlich macht, die ihn offenbar nicht zufrieden stellt. Jess jedoch möchte die Verbindung zu ihren Eltern aufrecht erhalten. Damit regt sie, wenngleich nur indirekt, auch eine Lösung für Joes Konflikt an. Er gibt zu, dass er einfach Angst davor hat, dass sein Vater für seinen Trainerjob bei der Mädchenmannschaft bloß Verachtung übrig haben könnte. Doch Jess kontert: "How do you know that ? How do you know that he wouldn't be proud that you didn't just give up ? You should be proud of what you've given all of us." Joes Antwort zeigt, wie viel sie ihm doch bedeutet: "Then why are you giving up ?"
Damit ist klar: Beide müssen zuerst ihre familiären Probleme lösen, bevor sie eine gemeinsame Zukunft haben können. One step a time.

<u>Sequenz 18: Jess Visits Jules (DVD chapter 10)</u>
Jess kämpft an mehreren Fronten. Sie muss mit ihren Eltern ins Reine kommen, aber auch mit Jules, die ihr eine Freundin geworden war. Also startet sie einen Versuch, mit ihr Frieden zu schließen. Sie wird freundlich von Mrs. Paxton empfangen, doch als Jess in Jules' Zimmer tritt, empfängt sie ein eisiger Blick. Mrs. Paxton führt die schlechte Stimmung ihrer Tochter auf die Niederlage des Teams in Deutschland zurück und hat keine Ahnung, was zwischen den beiden Mädchen vorgefallen ist. Als sie vorschlägt, etwas Tee hinaufzubringen, reagiert Jules jedoch knallhart: "Jess won't be staying long." Die Mutter begreift hier lediglich, dass sich die beiden gestritten haben, aber nicht, warum. Ihre Unkenntnis bereitet ein fundamentales Missverständnis vor, das schließlich ans Licht bringen wird, wie sehr auch die "aufgeklärte" Engländerin von Vorurteilen eingenommen ist.
Nachdem sie das Zimmer verlassen hat, sieht Jules Jess weiterhin anklagend an. Diese entschuldigt sich und möchte sich versöhnen: "I don't want you to be in a strop with me." Es zeigt sich, dass Jules nicht einfach verärgert, sondern tief verletzt ist. Sie glaubt, dass Jess Joe tatsächlich geküsst hat – was sie ja auch getan hätte, wenn Jules nicht hinzugekommen wäre. Jess' Verteidigung, sie habe ja (aufgrund des Weins) nicht gewusst, was sie tat, lässt Jules zu Recht nicht gelten: "Don't pretend to be so innocent. You knew exactly how I felt about him." Jess' Überraschung, dass Jules in Joe verliebt war, kann nicht überzeugen. Jess kann offenbar nicht einordnen, was ihr passiert ist: dass ihre Gefühle ihren Verstand überrumpelt haben. Und Jules kann nicht verzeihen, da sie ihre Verletzung noch nicht überwunden hat.
In diesem Moment kommt die Mutter mit einem Tablett die Treppe herauf und hört nur noch die letzten Vorwürfe, mit denen Jules ausdrückt, wie sehr sie sich verletzt fühlt: "You don't know the meaning of love. You've really hurt me, Jess. That's all there is to it. You've betrayed me !" Und schon ihre scheue Reaktion, als Jess das Haus verlässt, macht deutlich, dass Mrs. Paxton hier etwas grundsätzlich missverstanden hat. Da im selben Moment ihr Mann nach Hause kommt, lässt sie tränenreich ihrer Verzweiflung freien Lauf: Jess hat Jules das Herz gebrochen, sie betrogen. Aber es geht nicht nur um Jess, sondern auch um die für Mrs. Paxton erschreckende Erkenntnis, dass ihre eigene Tochter lesbisch veranlagt sein muss: "She's in love... with a girl !"
Sie lässt sich auch von ihrem Mann nicht beruhigen, der meint, sie würde einfach die falschen Schlüsse ziehen. Aus den Worten der Mutter spricht die Enttäuschung darüber, dass die Tochter ihrer Rollenerwartung nicht entspricht: "I tried to get her nice clothes. [...] But she never wants to go shopping with me !" Außerdem hat sie Angst vor der Diskriminierung, die ihre Tochter erwartet: "It was terrible what they did to that George Michael." Sie weiß offensichtlich, wovon sie spricht, denn ihre eigenen Vorurteile sind so schlimm, dass man sich davor

nur erschrecken kann (wie sich noch zeigen wird). Der Vater hingegen sieht das alles viel lockerer: "George Michael is still a superstar. And you still listen to Wham."
Die Mutter beharrt auf ihrer Sicht der Tochter- und Frauenrolle, ähnlich wie Mrs. Bhamra. Hierdurch wird noch einmal deutlich, wie groß die Hürden sind, die alle drei "Helden" zu überwinden haben, wenn sie zu ihrem Glück finden wollen.
Jess geht dabei bis zur Selbstverleugnung, Um die Erwartungen ihrer Eltern zu erfüllen, fragt sie Tony ganz offen, ob er sie möge und mit ihr zusammen sein wolle. Tony versichert, dass er sie möge, merkt aber, dass etwas mit ihr nicht stimmt. Also gibt sie zu: "I just think I need an Indian boyfriend." Sie gesteht auch, dass sie tatsächlich in ihren Trainer Joe verliebt sei, den sie aber scheinbar nicht haben kann, weil auch Jules in ihn verliebt ist (und ihre Eltern ihn nicht akzeptieren würden, wie sie glaubt). Tony hat einen guten Rat: "Look, Jessie, you can't plan who you fall for, it just happens." Als Beispiel nennt er David Beckham und seine Frau ("Posh and Becks"). Jess stimmt zu, dass Beckham klasse sei, und Tony bestätigt das. Jess meint, Tony möge Beckham nur, weil dieser so gut Fußball spielen könne. Da täuscht sie sich, denn Tony gesteht ihr: "I really *like* Beckham."
Endlich versteht sie: Tony ist homosexuell. Ihre Antwort "But you're Indian !" klingt absurd, zeigt aber, wie stark diese Neigung in ihrer Kultur unterdrückt wird. Letztlich ist Tonys Enthüllung für Jess ein kleiner Trost: Sie ist nicht die einzige, die gegen unüberwindbar scheinende Erwartungen und Vorurteile anzukämpfen hat. In Tony hat sie einen Verbündeten, der ihre Situation nachvollziehen kann, und der sie zweifellos liebt – wie man eben einen sehr guten Freund liebt.

<u>Sequenz 19: I Owe You Big Time (DVD chapter 11)</u>
Vielleicht ist es das Gefühl der Solidarität mit Tony, weshalb Jess nicht aufgibt. Sie simuliert eine Erkältung, damit sie nicht mit zum Tempel fahren muss, und Pinky verspricht, die Eltern dort so lange aufzuhalten wie möglich. Kaum sind sie abgefahren, zieht Jess den Bademantel aus und zeigt, wer sie wirklich sein möchte: Sie trägt ihr Fußballtrikot. Während sie zum Fußballfeld stürmt, um beim nächsten Spiel des Sommerturniers mitwirken zu können, kommen ihre Eltern jedoch noch einmal zurück, weil der Vater sein Handy vergessen hat. So entdeckt er, dass Jess nicht mehr Haus ist.
Die Stimmung auf dem Spielfeld ist derweil angespannt, da sich Jess und Jules aus dem Weg gehen und so natürlich nicht gut zusammenspielen. Die Mannschaft gerät in Rückstand. Plötzlich taucht, von Jess unbemerkt, Mr. Bhamra auf und setzt sich ins Publikum, um seiner Tochter zuzusehen. Jess passt zu Jules, die ein Tor erzielt, und kurz darauf gehen die "Hounslow Harriers" durch eine umgekehrte Kombination in Führung. Mr. Bhamra jubelt und hat sichtlich Spaß, so dass beim Zuschauer leise Hoffnungen wach werden, er könnte seiner Tochter letztlich doch das Fußballspielen erlauben. Zwischen den beiden Freundinnen aber herrscht noch immer Funkstille, sie jubeln nicht miteinander.
Die Dinge nehmen wieder eine unschöne Wendung, als Jess gefoult und als "Paki" beschimpft wird, worauf sie die Kontrolle verliert und mit einem Schubser reagiert. Sie wird des Feldes verwiesen, was nicht nur einen Nachteil für ihre Mannschaft bringt (sie erreichen trotzdem das Finale des Turniers); der Vater kann hier seine Befürchtungen bestätigt sehen, dass ein indisches Mädchen auch in der heutigen Zeit noch Diskriminierungen ausgesetzt ist.
Dass Joe auch noch laut in der Kabine mit ihr schimpft, will Jess nicht hinnehmen. Sie läuft ihm hinterher und beschwert sich. Indem er vorgibt, sie wie jede andere Spielerin behandeln zu müssen, gibt er zwar indirekt zu erkennen, dass sie ihm mehr bedeutet als die anderen. Sie glaubt allerdings, dass er nicht nachvollziehen kann, was es heißt, diskriminiert zu werden. Er korrigiert sie: "Jess, I'm Irish. Of course I understand what that feels like." Da sie die Tränen nicht mehr zurückhalten kann, nimmt er sie in den Arm – und da kommt Mr. Bhamra hinzu. Sichtlich erregt ruft er den Namen seiner Tochter, weil sich seine Befürchtungen in diesem

Moment noch verschlimmern: Seine Tochter spielt immer noch Fußball und lässt sich von einem Mann anfassen – noch dazu von einem *gorah* !
Wieder sehen wir nicht, ob Jess eine Standpauke zu hören bekommt, was die Spannung erhöht. Als sie mit ihrem Vater nach Hause kommt, sitzt Pinky glücklich und aufgeregt auf der Treppe, da Teetu mit seinen Eltern zu Besuch ist. Man versöhnt sich miteinander, weil die Kinder nicht länger unglücklich sein sollen. So kommt die Welt für die große Schwester in Ordnung, aber für Jess spitzt sich der Konflikt zu: Die Hochzeit soll am 25. stattfinden, genau am Tag des Endspiels im Sommerturnier, zu dem auch der Talentsucher kommen soll. Widerspruch ist zwecklos, der Vater erwidert nur: "Your sister needs you." Im Grunde muss Jess wohl froh sein, dass das alles ist, was sie zu hören bekommt.

<u>Sequenz 20: The Scout (DVD chapter 11/12)</u>
Die nächste Szene zeigt Jess' verzweifelte Lage: Sie sitzt weinend im Garten und putzt ihre geliebten Fußballschuhe. Die folgende Szene bringt in Erinnerung, warum das Endspiel die Erfüllung ihres Traums vom Leben als Fußballerin bringen könnte. Joe hat Jules zu sich in die Clubkneipe kommen lassen, weil er mit ihr über Jess sprechen möchte. Jules überschüttet ihn zunächst mit Vorwürfen: Er sei ein Egoist, verlasse das Mädchenteam sowieso, und die Geschichte mit dem Talentsucher sei auch bloß gelogen gewesen. Umso größer ist ihre Überraschung, als er ihr versichert, dass der Scout tatsächlich kommen wird – zum bevorstehenden Endspiel. Als Zeichen der Versöhnung nimmt sie Joes Einladung an, sich zu ihm an den Tisch zu setzen.
Wohl in Joes Auftrag sehen wir sie dann plötzlich vor dem Haus der Bhamras, und die beiden gehen auf Jess' Zimmer. Jules ist endlich zur Versöhnung bereit und versucht Jess zu überreden, beim Endspiel dabei zu sein. Jess allerdings steckt wirklich in Schwierigkeiten. Der Zuschauer erfährt, dass ihr Vater, seit er sie in Joes Armen sah, nicht mehr mit ihr redet. Außerdem findet Pinkys Hochzeit am Tag des Endspiels statt. Jules dringt dennoch weiter in sie: "You give up football now, what are you going to have to give up next ?" Weil Jess diesen Konflikt nicht lösen kann, geht sie zum Gegenangriff über: "You came here because you need me if that bloody scout shows up." Jules' zornige Reaktion ist durchaus verständlich, denn der Vorwurf ist nicht gerechtfertigt: "Look, I came here because Joe is worried about you. I'll just tell him he's wasting his bloody time !" Mit diesen Worten lässt sie Jess zurück, deren Lage nun noch verzwickter geworden ist. Selbst wenn sie keine eigenen Träume mit dem Kommen des Talentsuchers verbände, so schuldet sie doch zumindest Jules Unterstützung.
Nun wird es Zeit, eine Entwicklung zum Positiven vorzubereiten und etwas Hoffnung in die Handlung zu bringen. Mr. Paxton erklärt seiner Frau mit Hilfe diverser Flaschen auf dem Gartentisch, wie Abseits funktioniert. Als Jules hinzukommt, traut sie ihren Augen nicht, doch ihre Mutter will sich tatsächlich für Fußball interessieren, um an der Begeisterung ihrer Tochter teilhaben zu können; ein Zug, der sie wieder sympathischer macht. Natürlich will sie ihre Hoffnungen nicht ganz aufgeben: "Do you know what ? One of those England girls' players is a Maths teacher, as well. And she's happily married, with a baby." Als Jules ihre Mutter umarmt, deutet sich an, dass es einen Weg gibt, der aller Erwartungen erfüllen könnte – auch wenn längst nicht alle Hindernisse überwunden sind, wie sich noch zeigen wird.
Jess' Entwicklung scheint eher in die andere Richtung zu gehen. Als sie ihre A-Level-Ergebnisse erhält, steht sie unbeteiligt da, während ihre Eltern sehr aufgeregt sind; nachdem auch Pinky nur am Flughafen arbeitet, haben sie in Jess offenbar höhere Hoffnungen gesetzt. Die Resultate sind gut, so dass für den Vater die berufliche Zukunft der Tochter feststeht: "Good. You can become a fine top-class solicitor now." Jess sieht alles andere als begeistert aus.
Die nächste Szene, in der Jess im Garten Wäsche aufhängt, wirkt zunächst wie eine Vorausschau auf eine Zukunft als Hausfrau. Doch kann sie nicht achtlos an dem Fußball vorübergehen, der noch auf dem Rasen liegt, sondern zirkelt ihn an der Wäsche vorbei zwischen den

Stangen ins "Tor". Sie hat den Fußball nicht vergessen, noch nicht wirklich aufgegeben. Außerdem ist der Schuss eine gute Übung für die große Prüfung, die ihr noch bevorsteht – für den vielleicht wichtigsten Moment in ihrem Leben.

Sequenz 21: Before The Final (DVD chapter 13)
Die folgenden Szenen drücken die Stimmung zunächst weiter nach unten (der Gummiball-Methode der Dramaturgie folgend: Je tiefer man den Ball unter Wasser drückt, desto höher schießt er am Ende nach oben). Jules teilt Joe beim Training mit, dass Jess nicht zum Endspiel kommen kann, und Jess hängt in ihrem Zimmer die geliebten Beckham-Poster ab, da Verwandte zur Hochzeit zu Besuch kommen, vor denen Jess' Vorliebe verborgen werden soll. Dieser Akt ist symbolischer Natur: Jess scheint die Identität, die sie sich erträumt hat, aufgeben zu müssen. Zur Bestätigung wischt Joe ihren Namen von der Tafel, auf der er die Aufstellung für das Endspiel plant; im Training nimmt Mel Jess' Rolle ein. Ein kurzes Bild zeigt allerdings noch Mr. Bhamra, der auf Jess' Bett sitzt und eines der Beckham-Poster anschaut. Er wirkt nachdenklich.
In einer Parallelmontage sieht der Zuschauer nun die Vorbereitungen zu Pinkys Hochzeit und Joes Bemühungen, Jules auf das Spiel unter Beobachtung des Talentsuchers vorzubereiten. Hierdurch wird die Entwicklung der beiden Hauptfiguren kontrastiert: Jules ist auf dem Weg, ihren Traum zu erfüllen, während Jess von ihrer Kultur eingehüllt wird und geradezu darin untergeht. Am Abend erscheint Joe vor dem Haus der Bhamras und wird von Jess' Vater entdeckt, der unmissverständlich deutlich macht, dass Joe nicht erwünscht ist: "I don't have anything to say to you, okay ?" Joe bleibt ruhig und höflich. Er teilt Mr. Bhamra mit, dass ein Talentsucher zum morgigen Spiel kommt, und bittet um eine Chance für Jess:" Don't let her talent go to waste." Jess' Vater nimmt dies zwar zur Kenntnis, ermahnt jedoch seine Tochter, die hinzugekommen ist: "Don't play with your future, *beti*."
Jess läuft Joe noch nach, um ihm mitzuteilen, dass sie gute Abschlussnoten erzielt habe und bald keine Zeit mehr haben werde, zum Training zu kommen. Es hat nun den Anschein, als habe sie alle Hoffnungen auf eine Karriere als Fußballerin aufgegeben. Joes Bewertung ist eindeutig: "That's a shame. I could see you play for England some day." Und nun spielt er seine Trumpfkarte aus, indem er ihr mitteilt, dass der Talentsucher nicht nur wegen Jules, sondern auch wegen Jess komme. Freilich erhöht er dadurch den Druck auf Jess, die ihm deswegen Vorwürfe macht. Er jedoch macht ihr klar, worum es ihm geht: "I guess I don't want to give up on you."
Dass mehr im Spiel ist als der Sport, deutet seine Frage an, ob sie einem der Gäste versprochen sei. Jess versichert ihm, dass dies nicht der Fall sei. Joe beneidet sie darum, dass sich ihre Familie so sehr um sie sorgt, und versteht, dass sie die Verbindung nicht verlieren möchte. Seine letzten Worte klingen wie ein Abschied, beinahe glaubt man, er gebe ihr noch einen letzten Kuss – doch dann geht er einfach. Insgesamt wirkt Joe viel liebenswerter als der kontrastierend als aufdringlicher Macho in Szene gesetzte Inder, der im Anschluss mit Jess tanzt. Ihr Unbehagen angesichts dessen "Anmache" ist ihr auch deutlich anzumerken, sie wirkt eingeengt und angewidert. Soll so ihre Zukunft aussehen ?

Sequenz 22: Endgame And Wedding Party (DVD chapter 13/14)
Die nächste kurze Szene, die noch zu Kapitel 13 der DVD gehört, aber die folgende große Sequenz einleitet (die Kapiteleinteilung der DVD ist ein wenig rätselhaft), zeigt die Paxtons beim Aufbruch zum Endspiel. Mrs. Paxton bringt ihren neuen Enthusiasmus für den Sport ihrer Tochter dadurch zum Ausdruck, dass sie sich, wie ihr Mann kopfschüttelnd feststellt, wie für das Pferderennen in Ascot herausgeputzt hat.
Wirklich feierlich geht es vor dem Haus der Bhamras zu, wo die Braut gerade das Haus verlässt. Diesmal fällt es auch Pinky schwer, sich an die Gebräuche ihrer Kultur zu halten, denn sie soll auf dem Hochzeitsvideo traurig erscheinen, kann aber ihr freudiges und stolzes Lä-

cheln kaum verbergen. Daher der für uns vielleicht befremdliche Kommentar des Filmers: "Indian bride never smiles ! You ruin the bloody video !" Überhaupt ist hier manches doch nicht so feierlich, wie es an der Oberfläche erscheint, denn die Cousinen lästern heftig, und Pinky verliert die Nerven, weil der Rolls Royce noch nicht vorfährt.
Wiederum in einer Parallelmontage werden nun die Hochzeit sowie der Beginn des Endspiels gezeigt, wobei kurzzeitig Joe und Jess in den Fokus gerückt werden. Joe wirkt angespannt und natürlich enttäuscht, weil Jess nicht dabei ist, und diese arrangiert sich so gut es geht mit der Situation; in jedem Fall freut sie sich für ihre Schwester, worin sich erneut ihre Bindung an die Familie ausdrückt.
Doch mitten in den Hochzeitsfeierlichkeiten ergreift plötzlich Tony ihre Hand und zieht sie weg. Sie versteht nicht, was er will, bis er erklärt, dass sie es noch zur zweiten Halbzeit schaffen können; er ist fest entschlossen, sie doch noch zum Endspiel zu bringen, weil er weiß, was es für sie bedeutet (er hat ihre bisherige "Karriere" unterstützend verfolgt). Allerdings weigert Jess sich, weil sie ihre Familie nicht unglücklich machen will. Da taucht ihr Vater auf, den Tony daran erinnert, dass heute das wichtige Spiel stattfindet. Jess bittet ihn, von der Sache abzulassen, doch der Vater will seinerseits seine Tochter nicht mehr unglücklich sehen: "Pinky is so happy and you look as if you've come to your father's funeral. [...] If this is the only way I'm going to see you smiling on your sister's wedding day, then go now. But when you come back, I want to see you happy on the video. Play well, and make us proud !" Das ist mehr als ein Einlenken – er steht nun hinter ihr.
Sofort bricht Jess mit Tony auf und zieht sich noch während der Fahrt um. Es wird höchste Zeit, dass sie ins Spiel eingreift, denn ihre Mannschaft hat soeben ein Gegentor kassiert. Schließlich ist Jess angekommen und wird eingewechselt, sehr zur Freude von Jules, die sie umarmt (was wieder zu seltsamen Blicken von Mrs. Paxton führt, während zugleich auf der Hochzeitsfeier die Mutter auf der Suche nach Jess ist und auf der Toilette schockiert ein knutschendes Pärchen entdeckt). Wenig später erzielt Jules den Ausgleich, während auf der Hochzeitsfeier die Stimmung ihren Höhepunkt erreicht.
Und schließlich erreicht auch das Endspiel seine Klimax: Jess wird gefoult, und für einen Moment sieht es so aus, als habe sie sich dabei verletzt. Doch sie steht wieder auf und tritt selbst an zum Freistoß, der Spezialdisziplin ihres großen Vorbilds David Beckham. Wird sie den Ball wie er um die Mauer herum ins Tor zirkeln können ?

<u>Sequenz 23: Free Kick (DVD chapter 15)</u>
Jess visiert nun das Tor an, aber plötzlich stehen da gar nicht mehr die Mädchen der Fußballmannschaft, sondern Pinky und ihre Mutter und drei weitere indische Frauen. Sie gestikulieren (in Zeitlupe) vorwurfsvoll, als wollten sie sagen: "Was tust du hier ? Du hast doch hier gar nichts zu suchen !" Die Symbolik ist offensichtlich: Jess muss nicht nur diesen Freistoß verwandeln, sondern auch die Hindernisse überwinden, die ihre Familie ihr auf dem Weg in das erträumte Leben in den Weg stellt.
Jess schaut ungläubig, rafft sich zusammen, und dann schießt sie. Der Ball fliegt, schwebt in Zeitlupe an der Mauer vorbei und auf das Tor zu, und tatsächlich beschreibt er im letzten Moment einen Bogen und fliegt am Torwart vorbei ins Tor. Es ist das Siegtor für ihre Mannschaft, vor allem aber ein persönlicher Sieg für Jess, ein Freistoß in die Freiheit. Sie hat den Ball geschossen wie Beckham ! Sie träumt nicht mehr bloß davon, Fußball zu spielen wie David Beckham, sie ist tatsächlich auf dem besten Weg dorthin.
Der Jubel dokumentiert die Anerkennung, die sie gewonnen hat, sie wird emporgehoben. Das Spiel ist gewonnen, und die neu geschaffene Verbindung beider Welten zeigt sich nun, indem Jess von ihren Kameradinnen wieder in ihren Sari gekleidet wird. Kurz darauf klopft Joe an die Kabine, der Jess und Jules dem Talentsucher vorstellt, der offensichtlich Gefallen an den Fußballkünsten der Mädchen gefunden hat. Nachdem er sich verabschiedet hat, fallen sich die Mädchen küssend in die Arme, was Mrs. Paxton missfallend beobachtet. Plötzlich steht ihr

die Intoleranz wieder ins Gesicht geschrieben. Entsprechend gedrückt ist ihre Stimmung auf der Rückfahrt, während Jules völlig aus dem Häuschen ist, nachdem der Scout ihr und Jess ein Stipendium am College in Santa Clara angeboten hat, wo eine der amerikanischen Spitzenmannschaften spielt. Für die Mutter ist es offensichtlich eher eine Horrorvorstellung, ihre Tochter mit ihrer "Geliebten" nach Amerika zu lassen, zumal Jules schwärmt: "Oh, it's so amazing. Me and Jess there together, the pair of us !" Inzwischen scheint sogar der Vater "bedient".
Jess und Tony kehren zurück auf die Hochzeitsfeier, wo Jess schließlich glücklich in den Armen ihres Vaters tanzt. Inzwischen hat sich Jules zu Hause umgezogen, um ebenfalls auf die Hochzeitsfeier zu gehen; die Mutter, mit allen möglichen Hintergedanken, bietet ihr an, sie dorthin zu fahren.
Auf der Party gibt es inzwischen eine kleine Keilerei, weil jemand das knutschende Pärchen gefilmt hat und dadurch die unverheiratete Inderin um ihre angebliche Unschuld betrogen hat. Auch Jess und Jules haben ihr Glück noch nicht endgültig erkämpft. Die antagonistische Kraft schlägt noch einmal zurück, als Pinky sich vor dem Festsaal symbolisch von ihren Eltern verabschiedet und just im selben Moment Mrs. Paxton mit Jules vorfährt. Jess und Jules begrüßen sich herzlich, da schießt Mrs. Paxton auf Jess los: "How could you be such a hypocrite ? How could you be respectful here with your lot when I know you've been kissing my daughter in broad daylight." Als sie dann auch noch entdeckt, dass Jess die Schuhe trägt, die Jules ihrer Mutter stibitzt hat, verliert sie völlig die Fassung: "Take your lesbian feet out of my shoes !" Jules bricht die Peinlichkeiten ab und zieht ihre Mutter zurück zum Auto.

<u>Sequenz 24: Final Conflict (DVD chapter 16)</u>
Die absurde Szene bereitet jedoch die folgende wichtige Unterhaltung zwischen Pinky und Jess vor, die mittlerweile im gemieteten Rolls Royce sitzen. Nachdem Jess ihrer Schwester erklärt hat, dass sie auch nicht wisse, was mit Mrs. Paxton los gewesen sei, fragt Pinky, ob Jess denn nicht auch eines Tages eine so schöne Hochzeit haben wolle. Jess' Antwort ist nicht böse gemeint, nur grundehrlich: "I want more than this." Pinky macht ihr jedoch klar, dass ihr Vater sie niemals nach Amerika gehen lassen werde, bevor sie nicht verheiratet sei.
Zur selben Zeit wäscht Jules ihrer Mutter, die das Küssen völlig missverstanden hat und ihrer Tochter vorwirft, sich zu maskulin zu geben, den Kopf: "Mother ! Just because I wear khakis and play sport does not make me a lesbian !" Aber erst als sie erklärt, dass sie sich mit Jess gestritten habe, weil sie beide in Joe verliebt gewesen seien, sieht Mrs. Paxton ihren Fehler ein. Die Erziehung der Mutter geht noch weiter: "Anyway, being a lesbian is not that big a deal." Die Beteuerungen der Mutter, dass sie gar keine Vorurteile habe und ja auch für Martina Navratilova gejubelt habe, sind zwar amüsant, können aber nicht überzeugen. Es klingt, als sei sie nur dann tolerant, so lange sie sich selbst nicht betroffen fühlt.
Jess steht die Aufgabe, mit ihren Eltern ins Reine zu kommen, noch bevor. Sie wissen noch nichts vom Angebot des Talentsuchers, und Jess gesteht Tony, dass sie nicht weiß, wie sie es ihnen beibringen soll. Doch irgendwie muss sie es tun: "I have to now, or I'll end up a solicitor, bored out of my mind." Da ergreift Tony die Initiative, hält bei Mr. Bhamra um Jess' Hand an und stellt zugleich eine Bedingung: Sie soll zuerst aufs College gehen dürfen, wo immer sie will. Der Vater stimmt zu, alle wollen schon gratulieren, als Jess den entscheidenden Schritt macht und die Wahrheit sagt: "Mom, Dad, Tony's lying. [...] We're not getting married. Tony only said that to help me, but I'm not lying anymore." Sie erzählt, dass sie das Spiel gewonnen haben, weil ihr Vater sie weggelassen habe, wodurch dieser sich schneidende Blicke von seiner Frau zuzieht. Jess aber gesteht, endlich glücklich gewesen zu sein, dass sie nicht mehr habe lügen müssen, und berichtet vom Angebot des Talentsuchers (da es sich um ein Stipendium handelt, sind auch eventuelle finanzielle Hürden ausgeräumt). Ihr Wunsch steht fest: "I really want to go. And if I can't tell you what I want now then I'll never be happy whatever I do."

Die Mutter wird noch immer nicht weich, sondern macht ihrem Mann Vorwürfe, dass er Jess erlaubt hat, die Hochzeit zu verlassen. Und nun, endlich, schlägt die Stunde des Vaters, der seinen eigenen Traum vom Cricketspielen seit der Einwanderung nach England abschreiben musste, aber immerhin noch seine Tochter bei der Verwirklichung ihres Traums unterstützen kann: "When those bloody English cricket players threw me out of their club like a dog, I never complained. On the contrary, I vowed that I would never play again. Who suffered ? Me. But I don't want Jessie to suffer. I don't want her to make the same mistakes that her father made of accepting life or accepting situations." Die Diskriminierung einfach zu erleiden, ist nicht der rechte Weg, zumindest heute nicht mehr, wie er seine Rede unter Tränen, aber bestimmt abschließt: "I want her to fight. And I want her to win. [...] I don't think anybody has the right of stopping her."
Und jetzt akzeptiert auch die Mutter den neuen Weg ihrer Tochter: "At least I've taught her full Indian dinner. The rest is up to God." Ihr Ärger weicht einer Resignation, die eher belustigend wirkt. So sind denn endlich alle Hürden aus dem Weg geräumt, und Jess kann mit ihrer Freundin Jules nach Amerika gehen.

<u>Sequenz 25: First Kiss (DVD chapter 16)</u>
Aber da ist noch ein loser Faden, der verknüpft werden muss: Jess' Beziehung zu Joe. Wie wichtig er ihr ist, sieht man daran, dass sie am Abend, noch in ihren Sari gekleidet, zu ihm aufs Spielfeld läuft, ihm um den Hals fällt und von ihrem Glück berichtet. Er lässt sie gewähren, weil er jetzt nicht mehr ihr Trainer ist, da er die Stelle als Assistenztrainer der Herrenmannschaft bekommen soll: "We can do what we want." Genau das stimmt leider nicht. Als er sie küssen will, weicht Jess aus: "Letting me go is a really big step for my mum and dad. I don't know how they'd survive if I told about you, too." Joe versucht, es mit Fassung zu tragen. Er räumt ein, dass es ohnehin wenig Zweck habe, da sie ja nach Amerika gehe; es ist ihm aber deutlich anzumerken, dass er Jess nicht so einfach ziehen lassen kann. Deshalb fragt er noch einmal nach: "Is there ?" Sie schüttelt traurig den Kopf, und die beiden umarmen sich wie gute Freunde. Zu mehr ist Jess in diesem Moment noch nicht bereit.
Doch am Tag des Abschieds kommt auch die Beziehung zu Joe noch in Ordnung. Bevor Jess und Jules das Flugzeug besteigen, gibt es Abschiedsgeschenke; Jules erhält ein ManU-T-Shirt mit der berühmten Nummer 9 von David Beckham, Jess ein Bild des Guru Nanak für den Nachttisch. Da taucht Joe auf, um sich von Jess zu verabschieden. Er erklärt, dass man ihm tatsächlich den Job als Trainer der Herrenmannschaft angeboten habe, er jedoch abgelehnt habe. Er möchte lieber die Mädchen weiter trainieren, die im kommenden Jahr eine professionelle Mannschaft werden sollen. Er hat sogar schon seinem Vater davon erzählt, also auch diese für ihn doch wichtige Beziehung in Ordnung gebracht. Vielleicht, so sagt er halb scherzend, wolle er Jess nach ihrer Rückkehr aus den USA anheuern, wenn er sie sich leisten könne.
Und eins steht fest: Er kann Jess nicht gehen lassen, ohne zu wissen, ob sie beide nicht doch eine gemeinsame Zukunft haben können: "That even with the distance, and the concerns of your family, we might still have something. Don't you think ?" Als Antwort küsst sie ihn – endlich.
Im selben Moment schreit Jules auf: "Oh my God, Dad, it's Beckham !" In der Tat erscheint in einem der oberen Gänge David Beckham mit seiner Frau Victoria, begleitet von Reportern. Das kann nur ein gutes Zeichen sein, sowohl für die Fußballkarriere der beiden Mädchen als auch für Jess und Joe. So verspricht Jess auch: "I'm back at Christmas. We'll tackle my mum and dad then."
Während die beiden durch die Passkontrolle gehen, leiht Jess' Mutter Mrs. Paxton ein Taschentuch, und die Väter geben sich die Hand – beide Kulturen sind sich wieder ein Stückchen näher gekommen. Jess und Jules winken noch einmal zurück, und hier verharrt der Film für einen Moment im Standbild.

Schließlich wird noch kurz die weitere Entwicklung gezeigt: Die Mädchen haben ein Bild ihrer Mannschaft nach Hause geschickt, das stolz von den Paxtons sowie von Mrs. Bhamra und der schwangeren Pinky bewundert wird, dort sogar auf den Kaminsims gestellt wird. Draußen spielt derweil Mr. Bhamra auf dem Parkrasen Cricket, er hat nun auch endlich sein Glück wieder gefunden. Doch es kommt noch besser: Der junge Mann, der mit von der Partie ist und gleich einen erfolgreichen Wurf landet, ist niemand anderes als – Joe. Er wird schon Teil der Familie. Und während die Kamera hochschwenkt, ertönen die ersten rhythmischen Klänge von "Hot, Hot, Hot", und der lustige Abspann beginnt.

2.4 Zentrale Szenen und ihre Inszenierung

Die Inszenierung von "Bend It Like Beckham" ist klar auf die Zielgruppe eines jugendlichen Publikums ausgerichtet. Im Mittelpunkt steht das Fußballspiel, das dynamisierend dargestellt wird, und die Vermittlung eines Einblicks in die Kultur indischer Einwanderer im heutigen England. Die hierbei zum Einsatz kommenden Mittel der Filmsprache lassen sich anhand der folgenden Szenen leicht erarbeiten.

<u>Sequenz 3: Engagement Party (DVD chapter 02)</u>
Zum ersten Mal sieht der Zuschauer Jess hier wirklichen Fußball spielen. Die Szene im Park beginnt mit einer **Totalen** des Parks als **Anfangseinstellung** (long establishing shot), die den Schauplatz einführt. In einem **Schwenk** nach rechts (panning shot to the right) verfolgt, von **Halbnahe bis Nahe** (medium close to close shot), kommt Jules ins Bild, die durch den Park joggt. Die Kamera bleibt stehen, so dass Jules aus dem Bild läuft und durch ein Loch im Geäst Jess ins Bild kommt. In der folgenden **Halbnahen** sind zum ersten Mal, allerdings nur für einen kurzen Moment, beide Mädchen zusammen im Bild, wodurch sich die zukünftige Verbindung ankündigt. Die Kamera folgt Jess, die von ihrem Kameraden Tony zum Mitspielen aufgefordert wird und dieser Aufforderung nicht widerstehen kann; typisch für den **Dialog**, sind beide Figuren aus der **Nähe** zu sehen, etwa von der Hüfte an aufwärts (close shot).

Dann beginnt die für diesen Film charakteristische, dynamisierende Inszenierung des Fußballspielens. In dem Moment, als Jess die Wiese betritt, gibt die Kamera ihren festen Standpunkt auf und geht in den Modus der **Verfolgung** über (tracking shots), gekoppelt mit **schnellen**

Schnitten (fast cuts) und **eingeblendeter poppiger Musik mit schnellem Rhythmus** (fade-in). Weiterhin charakteristisch für die kommenden Bilder ist das niedrige Niveau der Kamera, die schon nach wenigen Schnitten (einmal ist kurz Jules zu sehen, die interessiert innehält, dann Jess' männliche Gegenspieler) **aus der Augenhöhe auf Bodenhöhe fällt** (from eye-level to ground-level), wodurch Jess' Umgang mit dem Ball noch schneller und gekonnter wirkt.

Die **Kamera fliegt dicht über dem Boden** dem Ball hinterher, wodurch die **Dynamik noch erhöht** wird. Perspektive, Kamerabewegung, Montage und Akustik zielen hier eindeutig auf die sinnliche Überwältigung des Zuschauers, um die Identifikation mit der Hauptfigur zu erhöhen. Dies gelingt umso besser, als Jess ihre männlichen Gegenspieler, denen vielleicht ein selbst den Rollenklischees verhafteter Zuschauer die höheren Ballkünste zutraut, mühelos umspielt. Sie rutschen hilflos an ihr vorbei und können sie letztlich nur durch ein Foulspiel stoppen – das Jess dann auch noch lächelnd zur Kenntnis nimmt, statt sich, wie man vielleicht annehmen könnte, über den rohen Umgang zu beklagen. Auch ihr cooles Abstrafen der dummen Sprüche der Halbstarken unterstützt das Bild, das wir zu diesem frühen Zeitpunkt von der Hauptfigur gewinnen: Sie spielt besser Fußball als die meisten Jungs und weiß sich gegen Widerstände zu behaupten. Dennoch steht sie bald vor größeren Hindernissen.
Pinkys Verlobung ist die erste Gelegenheit, den Zuschauer näher in die Welt einzuführen, aus der Jess stammt. Hier muss sie sich ganz in den Dienst ihrer Familie stellen und wirkt plötzlich anders als beim Fußballspielen im Park: angespannt und eingeengt. Die Szene beginnt, nachdem Jess ihrem Vater bei Dekorieren der Fassade geholfen hat, mit einer langsamen **Überblendung** (dissolve), die einen Zeitraum von mehreren Stunden überbrückt. Zugleich setzt indische Musik ein, und im nächsten Bild sehen wir Jess, die den Gästen des Hauses Leckereien anbietet, aber kaum wahrgenommen wird. Die **Kamera folgt ihr** (handheld tracking shot), bleibt dicht bei ihr (close shot), schwenkt (panning), weicht vor ihr zurück und vermittelt so ein Gefühl der Verunsicherung: Alles wirkt zwar bunt, aber auch eng und nicht wirklich freundlich, da niemand von Jess' Tablett nimmt. Als sie zu einer älteren Frau kommt und unerwartet plump auf ihren Männer-Geschmack angesprochen wird (so weit wir wissen, hat sie bisher gar keinen), wird die Atmosphäre noch unangenehmer, zumal die alte Frau Jess am Arm festhält, um eine weitere, nachgerade obszöne Bemerkung zu machen. Jess' **Körpersprache** (body language) verrät eindeutig, dass sie sich mit solchen Fragen noch nicht ausein-

ander gesetzt hat, und schon gar nicht auf dieser Ebene. Der Gedanke an eine Heirat in näherer Zukunft erschreckt sie offensichtlich, und sie wendet sich entnervt ab.

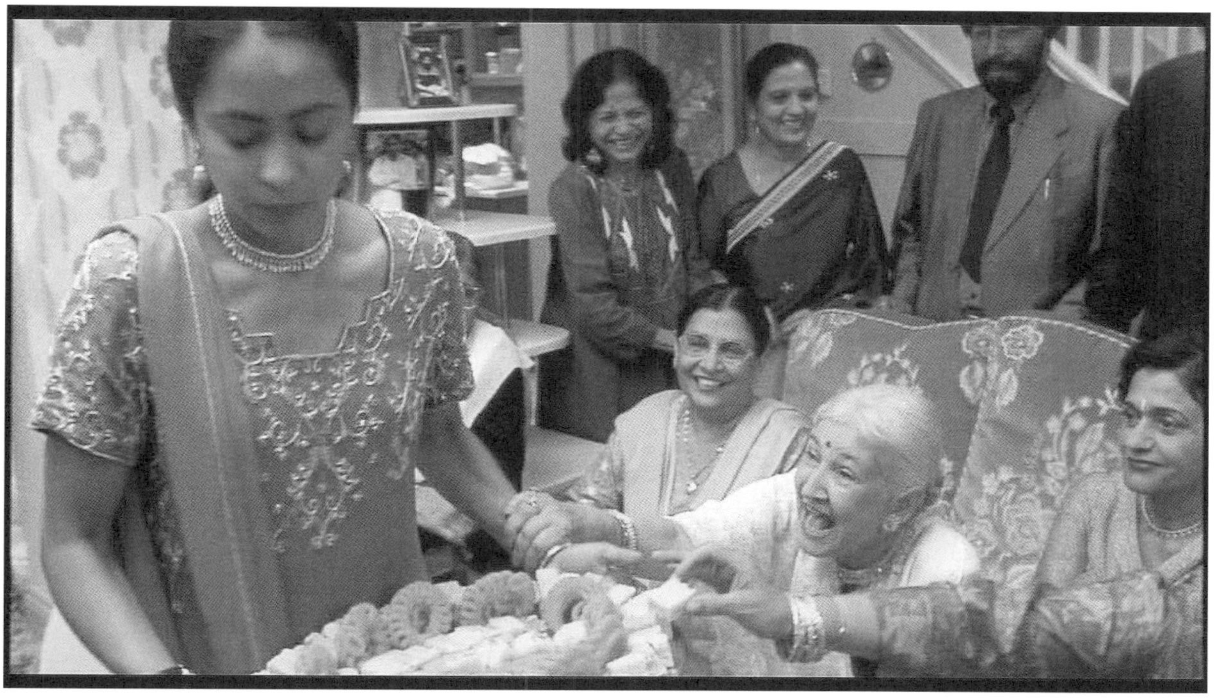

Die letzten Einstellungen verdeutlichen, dass die Traditionalität längst unterwandert ist: Die Frauen zücken reihenweise die Handys, und zur Hochzeit gibt es profane Geldgeschenke. Hier bekommt die Darstellung der "indischen" Kultur einen eindeutig ironischen Unterton.

Sequenz 5: The Trial (DVD chapter 03)

Bevor Jess zum Probetraining stößt, werden die fußballerischen Künste der Mädchenmannschaft verdeutlicht. **Sehr schnelle Schnitte** (fast cuts) mit vielen **Perspektivwechseln** zwischen **Augenhöhe** (eye-level) und **Untersicht** (low angle), die **schwenkende und sich drehende** Kamera (panning, turning) sowie die schnelle Musik berauschen den Zuschauer. Die abschließende **Großaufnahme** (close-up) zeigt Jess' Staunen.

Nun folgt in **nahen Einstellungen** (close shots) das erste Gespräch zwischen Jess, Jules und Joe. Im Anschluss hieran folgt eine weitere dynamisierende Sequenz, in der Jess zum ersten Mal beim Training mitmacht, ihr Können unter Beweis stellt und den Trainer überzeugt. Zum Einsatz kommen auch hier die oben beschriebenen Mittel, wobei im Wesentlichen aus **Augenhöhe** (eye-level) gefilmt wird und in schneller **Parallelmontage** (cross-cutting) mehrfach zwischen Jess und dem sie beobachtenden Trainer hin- und hergeschaltet wird, um seine Reaktionen auf ihre Ballkünste zu zeigen.

Sequenz 7: On The Team (DVD chapter 04)

Ein weiteres Beispiel der temporeichen Inszenierung des Fußballs findet sich in dieser Sequenz, in der Jess nach ihrer anfänglichen Scheu (wegen ihrer Narbe) und trotz des Verbots ihrer Mutter endgültig in das Training der Hounslow Harriers einsteigt. Hierbei übt sie auch schon das Schießen von Freistößen, das ihr am Ende zum Durch- und Ausbruch verhelfen wird. Die Szenen aus dem Training, wiederum **durch schnelle Schnitte**, **zahlreiche Perspektivwechsel** und **rhythmusbetonte Musik dynamisiert**, verdeutlichen den großen Spaß, den Jess in ihrer neuen Umgebung hat. Auch findet sie in Jules eine neue Freundin und Verbündete, wie der abschließende "high five" zeigt.

Sequenz 9: First Match (DVD chapter 05)

An dieser Sequenz lässt sich demonstrieren, wie im Film **zeitraffend** erzählt werden kann, indem mehrere **Szenen mit unterschiedlicher Handlung (in Art, Ort und Zeit) direkt aneinander gereiht** und **durch ein kontinuierlich laufendes Musikstück verklammert** werden. Insgesamt stellt die Sequenz eine **Steigerung** dar: Während ihre Eltern glauben, dass Jess ihrem Sommerjob bei HMV nachgeht, spielt sie heimlich in ihrer Mannschaft, hat dabei Erfolg, und ihre neue Freundin Jules erlebt einen kleinen Aufschwung (Joe erlaubt ihr eine Umarmung, ihr Vater schenkt ihr eine Torwand). Auf filmsprachlicher Ebene ist neben der Unterstützung durch die Musik die **Montagetechnik** zu beachten, in der neben **einfachen Schnitten** (simple cuts) auch **"match cuts"** angewandt werden, um zu zeigen, dass Jess sich zwar ihrer Mutter unterordnet und beim Kochen hilft, dabei aber lieber mit Gemüse ihre fußballerischen Künste verfeinert.

Die Sequenz erhöht die Identifikation des Zuschauers mit den weiblichen Hauptfiguren und seine positiven Erwartungen auf ihre Entwicklung. Doch schon die folgenden Sequenz rückt wieder die Schwierigkeiten ins Bewusstsein, denen sich vor allem Jess gegenüber sieht.

<u>Sequenz 21: Before The Final (DVD chapter 13)</u>
Diese Sequenz zeigt in **kontrastiver Parallelmontage (contrasting cross-cutting),** wie Jess und Jules nun getrennte Wege gehen. Während Jules auf dem Weg zur Karriere als Fußballprofi ist, muss Jess bei den Vorbereitungen zu Pinkys Hochzeit helfen. Beim Tanzen dreht sie sich um die eigene Achse, und die **subjektive Kamera (pov shot)** verdeutlicht ihren Schwindel und die sinnliche Überwältigung, die sich, unterstützt durch die Musik, auf den Zuschauer überträgt. Dieser Eindruck wird noch verstärkt, als Jess nach dem Gespräch mit Joe ins Haus zurückgekehrt ist und von einem aufdringlichen Inder, der schon am Nachmittag ein Auge auf sie geworfen hat, mit einer anzüglichen Geste in den Tanz gezogen wird. Jess' **Mimik** und **Körpersprache** zeigen klar, wie unwohl sie sich fühlt.

Wenngleich Jess sich schließlich angewidert befreit, wirkt sie in der Enge zwischen den Tanzenden, die durch die durchweg **nahen Einstellungen** vermittelt wird, doch wie erdrückt. Ihre Lage scheint bedauernswert und steht damit in deutlichem Kontrast zur Hochstimmung des Fests, wodurch die Kluft zwischen Jess und ihrer Familie umso deutlicher hervortritt. Sie wirkt beinahe wie eine Fremde in ihrer angestammten Kultur, kann sich dieser aber kaum entziehen. Zweifellos bedient sich der Film hier des dramaturgischen Kniffs, die Stimmung zunächst so tief wie möglich zu drücken, bevor die verzweifelte Lage in Befreiung umschlagen und der Zuschauer diese als besonders erlösend empfinden kann.

Sequenz 23: Endgame and Wedding Party/Free Kick (DVD chapters 14/15)
Auch hier werden in **Parallelmontage** (cross-cutting) zwei gleichzeitig ablaufende Handlungen erzählt: Pinkys Hochzeit und das Endspiel des Sommerturniers. Wieder werden die Handlungen durch einen Song und mehrere, kurz aufeinander folgende Szenenfragmente verklammert. Eine kurze Atempause verschafft das Gespräch zwischen Tony, Jess und ihrem Vater, der sie schließlich zum Turnier fahren lässt. Ab hier gewinnt die Sequenz an Dynamik: Die **Musik wird lauter**, die **Schnitte folgen schneller** aufeinander, die Kamera zeigt **schnelle Schwenks aus freier Hand** (fast, handheld panning shots), wechselt häufig Position **und Perspektive.** Als Jess eingewechselt wird, nimmt die Inszenierung zusammen mit **temporeicher Musik** und **schnellen Kameraverfolgungen** (fast tracking shots from low angle) noch mehr Fahrt auf. Alles fliegt förmlich auf den Höhepunkt zu, den Freistoß, den Jess als Gefoulte – wider die Gesetze des Fußballs – selbst schießen will.
Die Kamera blickt nun aus **kreisender Vogelperspektive** (rolling bird's eye view) auf Jess hinab, die sich zum Schuss bereitstellt. Die Hochzeitsfeier ist ausgeblendet, stattdessen fokussiert sich alles auf Jess und den entscheidenden Moment, verstärkt durch die **Zeitlupe** (slow motion) und das "Nessun Dorma". In **Halbnahe** (medium shot) holt die Kamera, langsam **in die Horizontale schwenkend** (tilting shot to eye-level), die Mädchen ins Bild, die die Mauer bilden. Es folgt eine **Großaufnahme** (close-up) von Jess, die versucht, sich auf den Ball zu konzentrieren, der sogleich in Großaufnahme gezeigt wird. Plötzlich wird deutlich, dass das Duell mit der Mauer symbolische Bedeutung hat: In **Nahaufnahme** (close shot) sieht man Jess' verwunderten Blick, und dann eine **langsame Kamerafahrt** (travelling shot) auf die Mauer zu, in der auf einmal Jess' Mutter, Pinky und weitere verwandte Frauen stehen.

Mit **vorwurfsvoller Mimik und Gestik** scheinen sie zu fragen, was Jess hier auf dem Fußballplatz zu suchen hat. Jess muss mit ihrem Schuss nicht nur die Mauer der gegnerischen Mannschaft, sondern auch die Schranken ihrer eigenen Kultur überwinden, die eigentlich keinen Raum für ihren Traum vom Fußball hat.
Nun vollzieht sich in Jess der entscheidende Wandel (siehe hierzu auch Kapitel 5): Sie kann all ihre Einschränkungen und Zweifel verdrängen und sich ganz auf den Schuss konzentrieren, so dass aus der "indischen" Mauer wieder die reale wird. Kurze Einstellungen zeigen noch einmal Pinky in glücklichem Tanz, den angespannten Joe, das Publikum, Tony, auch Jules, die mit in der Mauer steht, wodurch die Spannung noch erhöht wird. Endlich ist es an Jess, auf ihre Weise ihr Glück zu machen. Wieder der Blick aus der **Vogelperspektive**, ein kurzes Kreisen, ein **schneller Schnitt** auf den Ball in **Großaufnahme** (close-up), der von Jess' Fuß laut und kräftig getroffen wird. In sehr wirkungsvoller Weise nimmt die Kamera nun die **Perspektive des Balles** ein (pov shot) und beschreibt, nach wie vor in spannungsdehnender **Zeitlupe**, dessen Flug um die Mauer und auf das Tor zu, in einer wunderschönen Kurve, wie sie nur Beckham schießen kann, und der Ball fliegt tatsächlich am Torwart vorbei ins Tor, als auch "Nessun Dorma" seinen Höhepunkt erreicht. Die Freude explodiert in **schnellen Schnitten** zwischen Pinky, die strahlend von ihrem Bräutigam in die Luft gehoben wird, und den jubelnden Spielerinnen und Zuschauern. Als Zeichen ihres Triumphs steigt nun auch Jess auf, hochgehoben von ihren Kameradinnen und auf dem Gipfel ihres ganz persönlichen Glücks.

Es entspricht im Übrigen der typischen Dramaturgie des populären Films, dass die Peripetie möglichst weit ans Ende des Films verlagert wird, um die Spannung maximal zu steigern, bevor endlich das Happy End eintritt.

2.5 Filmkritik

Roger Ebert: Bend It Like Beckham (Ebert Rating: *** ½)

I saw more important films at Sundance 2003, but none more purely enjoyable than **Bend It Like Beckham**, which is just about perfect as a teenage coming-of-age comedy. It stars a young actress of luminous appeal, it involves sports, romance and of course her older sister's wedding, and it has two misinformed soccer moms – one who doesn't know a thing about the game and another who doesn't even know her daughter plays it.

The movie, set in London, tells the story of Jesminder Bhamra, known as "Jess", who comes from a traditional Indian family. Her parents are Sikhs who fled from Uganda to England, where her dad works at Heathrow airport. They live in the middle-class suburb of Hounslow, under the flight path of arriving jets, where her mother believes that Jess has two great duties in life: to learn to prepare a complete Indian meal, and to marry a nice Indian boy, in exactly that order.

Jess plays soccer with boys in the park. In her family's living room is a large portrait of a Sikh spiritual leader, but above Jess's bed is her own inspiration – the British soccer superstar David Beckham, better known to some as Posh Spice's husband. To Beckham's portrait she confides her innermost dream, which is to play for England. Of course a girl cannot hope to be a soccer star, and an Indian girl should not play soccer at all, since in her mother's mind the game consists of "displaying your bare legs to complete strangers". Jess is seen in the park one day by Juliette (Keira Knightley), who plays for the Hounslow Harriers, a woman's team, and is recruited to join them. The coach is a young Irishman named Joe (Jonathan Rhys-Meyers), and it is love at second or third sight – complicated, because Joe cannot date his players, and Juliette has a crush on him, too.

But all of these elements make the film sound routine, and what makes it special is the bubbling energy of the cast and the warm joy with which Gurinder Chadha, the director and co-writer, tells her story. I am the first to admit that Gurinder Chadha is not a name on everybody's lips, but this is her third film and I can promise you she has an unfailing instinct for human comedy that makes you feel good and laugh out loud. [...]

Bend It Like Beckham, which adds a British flavour to its London Metroland masala, is good not because it is blindingly original but because it is flawless in executing what is, after all, a dependable formula. The parents must be strict and traditional, but also loving and funny, and Mr and Mrs Bhamra (Anupam Kher and Shaheen Khan) are classic examples of the type. So is Juliette's mother, Paula (the wry, funny British star Juliet Stevenson), who tries to talk her tomboy daughter into Wonderbras, and spends most of the movie fearing that a girl who doesn't want to wear one must be a lesbian. ("There's a reason why Sporty Spice is the only one without a boyfriend.") The editing by Justin Krish gets laughs all on its own with the precision that it uses to cut to reaction shots as the parents absorb one surprise after another. [...]

The movie's values run deep. It understands that for Jess' generation soccer is not about displaying bare legs (Jess has another reason to be shy about that), but it also understands the hopes and ambitions of parents – and, crucially, so does Jess, who handles the tentative romance with her coach in a way that combines tenderness with common sense. A closing scene at the airport, which in a lesser movie would have simply hammered out a happy ending, shows her tact and love.

Like all good movies, **Bend It Like Beckham** crosses over to wide audiences. It's being promoted in the magazines and on the cable channels that teenage girls follow, but recently we showed it on our Ebert & Roeper Film Festival at Sea, to an audience that ranged in age from 7 to 81, with a 50ish median, and it was a huge success. For that matter, the hip Sundance audience, dressed in black and clutching cell phones and cappuccinos, loved it, too. And why not, since its characters and sensibility are so abundantly lovable.

"Sundance" = a film festival in Utah (USA), founded by Robert Redford
to come of age = to become an adult
luminous (adj) = shining, brilliant
Metroland masala = the multicultural life around London (masala = a mixture of spices)
tomboy (adj) = the behaviour of a girl that acts more like a boy
Wonderbra (n) = a push-up bra
tentative (adj) = careful, hesitant
Ebert & Roeper Film Festival At Sea = a film festival on a cruiseship
median (n) = average
to clutch = to hold someone or something tightly
abundantly (adv) = very, extremely

2.6 Aufgaben

2.6.1 Leitfragen zu den Sequenzen

Zu erwartende Antworten lassen sich Kapitel 2.1 "Synopsis und Interpretation" entnehmen.

Sequence 1:
What does Jess's dream tell you about her situation ?

Sequence 2:
Where do you see parallels between Jess and Jules ?

Sequence 3:
What is your first impression of Jess's father ?
What are the expectations that Jess is confronted with ?

Sequence 4:
Characterize the boys' reaction when Jules invites Jess for trial practice.

Sequence 5:
How does the trial go (starting with Joe's first reaction) ?
What is Jules's perspective for her own future ?
Interpret Jess's first comments on Joe (when she talks to her poster of Beckham).

Sequence 6:
Explain Jules's relationship with her parents.
What do you learn about Joe ?

Sequence 7:
What do the girls practice, and why ? *(bending the ball like Beckham)*

Sequence 8:
What is Mrs Bhamra's reaction when she sees Jess in the park ?
Why does she react like this ?
What difference is there in the reaction of Jess's parents ?
How does Jess see her situation, and what do Tony and Jules suggest ?

Sequence 9:

Describe Jess's new "double life".

Sequence 10:

How do Jess's teammates react to the rules of her culture ?
What does Jess think about those rules ?
How does Pinky react when she finds out about her little sister's secret ?

Sequence 11:

What do Jess and Jules do on their shopping tour, and what are the consequences ?

Sequence 12:

How does the relationship between Jess and Joe develop ?
Why is that a problem ?
What impression do you get from the WUSA soccer video ?
How does Mrs. Paxton see Jess's culture ?
What happens at the bus station ?

Sequence 13:

What are the immediate consequences of the scene at the bus station ?
Characterize Pinky's reaction.

Sequence 14:

What is Mr Bhamra's reaction to Joe's plea, and what are his reasons ?
How do the Bhamras see their position in British society ?
How is it possible for Jess to go to Hamburg with her team ?

Sequence 15:

How does the first part of the trip to Hamburg go ?

Sequence 16:

What do you think about Jess's behaviour at the club ?
Do you think Jules's reaction is justified ?
Sum up the problems Jess faces when the Hamburg trip is over.

Sequence 17:

How do Jess's parents see the whole situation, and where is the flaw in their thinking ?
What is Pinky's attitude towards Jess's interest in Joe ?
Based on their conversation at the football club, describe the state of the relationship between Jess and Joe.

Sequence 18:

How does Jess's visit to Jules go ? Whose side are you on ?
What is Mrs Paxton's misunderstanding, and what does her reaction tell you about her ?
Why does Jess want to be with Tony, and why does Tony refuse ?

Sequence 19:

Explain Jess's behaviour at her next football match.

What are Mr Bhamra's reactions to what he sees at the football pitch ?
What final problem is Jess confronted with when Pinky's wedding is arranged ?

Sequence 20:

Why does Jules talk to Jess, and what does she achieve ?
Explain the change in Mrs Paxton's attitude.
What are the consequences of Jess's A-level results ?

Sequence 21:

Describe Jess's situation on the evening of Pinky's wedding.
What is Joe's final plea to Mr Bhamra, and how does Jess's father respond ?

Sequence 22:

How do you explain Mr Bhamra's change of mind ?

Sequence 23:

How do you interpret the sudden change of the "wall" ? What does this free kick mean for Jess's development ?
Explain the embarrassing scene between Mrs Paxton and Jess.

Sequence 24:

Based on her conversation with Jules in the car, how do you characterize Mrs. Paxton ?
What is Tony's proposal, and why does Jess refuse it ? Explain her final plea to her parents.
How do you explain Mr Bhamra's decision ?

Sequence 25:

How does the relationship between Jess and Joe develop ?
Considering the final scenes of the film, do you think Jess and Joe have a future ? (Give reasons for your answer.)

final questions:
What have both protagonists achieved with regard to their desires and intentions ? How have Jess and Jules changed, and how have they changed the world around them ?
What are the values that are discussed in this movie, and what is your final view of those values ?

2.6.2 Zu den Figuren

Das folgende Arbeitsblatt dient der vertiefenden Betrachtung der Figuren und ihrer jeweiligen Lebenswelt sowie der Vorbereitung einer gründlichen Charakterisierung. Das Blatt kann zunächst laufend ergänzt und die gesammelten Informationen im Unterrichtsgespräch diskutiert werden, etwa bis zum Ende von Sequenz 16. Hier kann eine erste Charakterisierung verfasst werden. Nachdem der Film vollständig besprochen wurde, kann die weitere Entwicklung der Figuren zum Beispiel durch die finale Leitfragen (s.o.) gesichert werden.
Ein Arbeitsblatt mit hilfreichem Vokabular zur Charakterisierung findet sich auf Seite 30.

THE PROTAGONISTS:

	Jess	**Jules**
world		
desires and intentions		
problems, conflicts		
possible solutions		

A) Take short notes on the different worlds which Jess and Jules live in (culture, traditional roles, parents' attitude), their desires and intentions, the problems they face, and possible solutions to resolve their conflicts.
B) Use your notes to write a characterization.

2.6.3 Zur Inszenierung

Auch in "Bend It Like Beckham" gibt es eine Reihe von Szenen, die sich für eine formalanalytische Betrachtung eignen und auf die bereits in Kapitel 2.4 hingewiesen wurde. Diese Szenen können (auch ausschnittweise) jeweils drei- bis viermal vorgeführt und dabei auf ihre filmsprachliche Gestaltung hin untersucht werden. Eine solche Untersuchung eignet sich auch gut als Bestandteil einer Klassenarbeit oder Klausur, etwa mit folgenden Anweisungen:

A) Explain what led to the situation shown in this scene.
B) Summarize the scene.
C) Describe striking devices of film language used in this scene (shot, point of view, camera movement, montage etc.). Explain why and to what effect they are used.
D) Which scenes of the film do you like most, and why ?

Aufgabenteil A zielt auf eine Situierung der vorgelegten Szene, Aufgabe B verlangt eine Inhaltsangabe zur Verständnissicherung, und in Aufgabe C ist eine detaillierte Untersuchung der Formsprache vorzulegen. Aufgabenteil D gibt die Möglichkeit zur Stellungnahme.
Insbesondere zum Einstieg eignet sich die Aufgabenform **"memorable shots"**. Hierbei wird ein besonders aussagekräftiges Standbild präsentiert, dessen Betrachtung zu folgenden, variabel einzusetzenden Arbeitsschritten Anlass gibt:

– Bildeindrücke verbalisieren
– das Bild in der Filmhandlung situieren
– das Bild analysieren (Einstellung, Perspektive, Komposition, Symbolik etc.)
– Bezüge zu bereits besprochenen Szenen herstellen
– Spekulationen zur weiteren Handlung formulieren

Selbstverständlich kann die Präsentation eines Standbilds auch als Impuls dazu dienen, die Ergebnisse der letzten Stunde zu rekapitulieren.

Als "memorable shots" aus *Bend It Like Beckham* eignen sich z.B.:

– Mrs. Bhamra im Fußball-Studio, schimpfend (Sequenz 1)
– Jess wird auf Pinkys Verlobungsfeier festgehalten und darauf aufmerksam gemacht, dass sie bald an der Reihe sein soll (Sequenz 2)
– Mrs. Paxton schimpft im Garten mit ihrem Mann und Jules (Sequenz 6)
– Jess & Jules umarmen sich an der Haltestelle (Sequenz 12)
– Joe sitzt im Wohnzimmer der Bhamras, um sich für Jess einzusetzen (Sequenz 14)
– Jules starrt entsetzt auf Jess und Joe, die sich gerade küssen wollen (Sequenz 16)
– Jess schießt den Ball an der im Garten aufgehängten Wäsche vorbei (Sequenz 20)
– Jess hebt im Tanz vor Pinkys Hochzeit abwehrend die Hände (Sequenz 21)
– Jess sieht ihre Familie als Mauer (Sequenz 23)

2.6.4 Zur Rezeption

Eine rezeptionsorientierte Auseinandersetzung mit dem Film kann zu verschiedenen Zeitpunkten und in steigernder Form erfolgen: vom Sammeln spontaner Eindrücke (nach der Vorführung einzelner Sequenzen oder auch des gesamten Films) über die Untersuchung von Rezensionen bis hin zum Verfassen eigener Filmkritiken durch die Schüler. Die Analyse von Rezensionen aus Zeitungen und Magazinen gibt den Schülern die Möglichkeit, diese spezielle Textsorte kennen zu lernen. Zur Erarbeitung können folgende Arbeitsanweisungen dienen:

A) According to the author, what makes "Bend It Like Beckham" the movie it is ?
B) Point out terms and phrases that give away the author's attitude towards the film.
C) What do <u>you</u> like or dislike about the film ?

Aufgabenteil A) zielt auf eine Überprüfung des Textverständnisses, Aufgabenteil B) auf eine Formalanalyse.
In C) bietet sich den Schülern die Möglichkeit zur freien **Stellungnahme**, die freilich keine Reproduktion der Argumente des Rezensenten, sondern eine eigenständige Auseinandersetzung mit dem Film liefern sollte. Je nach Lernstand können spezifischere Vorgaben gemacht werden wie z.B.:

Who is your favourite character ?
Which scenes did you like in particular ?
What about the movie affects you most ?

Selbstverständlich muss die Stellungnahme begründet werden.

Die in den Aufgabenteilen B) und C) herausgearbeiteten Aspekte können abschließend in der Lerngruppe gesammelt werden, etwa in Form einer Tabelle (hier mit möglichen Teilergebnissen):

positive	**negative**
– enjoyable teenage comedy, makes you feel good and laugh out loud	– routine formula
– involves sports, romance and child-parent-conflict	...
– lovable characters, energetic cast	
– warm, joyful story-telling	
– conveys essential values	
– appeals to wide audiences	
...	

Diese Ergebnisse können abschließend die Grundlage für eigenständig von den Schülern verfasste *film reviews* bilden.

2.6.5 Projektidee

Die Behandlung von "Bend It Like Beckham" bietet eine gute Gelegenheit zur Projektarbeit, indem man durch den Film aufgeworfene Themen aufgreift und durch die Schüler ausarbeiten lässt. Hinzu kommt die Möglichkeit, die Schüler kreativ mit dem Filmmaterial arbeiten zu lassen, was natürlich einen erhöhten technischen Aufwand erfordert. Die Schüler können z.B. das Marketing für den Film untersuchen, Filmtrailer analysieren und selbst zusammenstellen.
Die zentralen Themen, die in "Bend It Like Beckham" angesprochen werden, sind zweifellos der Frauenfußball und die Situation indischer Einwanderer in Großbritannien. Zu beiden Themen lassen sich interessante Webseiten recherchieren:

Mia Hamm:	www.miafoundation.org
Kelly Smith:	www.kellysmithsoccer.com
FIFA:	www.fifa.com
British Asians:	en.wikipedia.org/wiki/British_Asian

Die Ergebnisse sollten sowohl dokumentiert als auch im Vortrag vorgestellt werden.

2.7 Vokabeln

n	noun
adj	adjective
prep	preposition
pl	plural
adv	adverb
inf	used in informal English
vulg	used in vulgar English
BE	British English
AE	American English
Hin	Hindi, the official language of India (besides English and 21 other languages)
Pun	Punjabi (Panjabi), the language spoken in the Punjab ("land of five rivers") region, which is split up between India and Pakistan; most of the people who live there are Hindus and Sikhs (cf. vocabulary "Sequence 4")

Sequence 1: Opening Sequence

David Beckham	very popular British footballer, player for Manchester United (ManU) and Real Madrid; also captain for England
to take responsibility	to take control of something, to become the "boss"
to have possession	here: to have the ball
reflection (n)	"Abbild"
to captain a team	to be the captain of a team
to mature	to become better, to develop fully
to dominate	to be in control because you are the best, strongest etc.
proceedings (n, pl)	the action
support (n)	help
to gather	to pick up
touchline (n)	"Seitenaus-Linie"
Old Trafford	the home stadium of Manchester United
crowd (n)	a large group of people who have come together, here to watch a football game
to warm to s.th.	to feel or show a positive reaction to something
goal (n)	"Tor"
RSC Anderlecht	Belgian football team
Paul Scholes	player for ManU
Ryan Giggs	player for ManU
defence (n)	the action someone takes to protect against attack ("Verteidigung")
to break forward	to move forward
flank (n)	side
to shrug off	here: to get rid of someone ("abschütteln")
decent (adj)	here: very good
to cross	"flanken"
cross (n)	"Flanke"
header (n)	"Kopfball"
to score	to kick a goal
to plant	here: to kick the ball so that it lands at a certain point
prayer (n)	a talk to God

Gary Lineker	former player for England, now presenter for the BBC
Alan Hansen	former player for Scotland, now commentator for the BBC
John Barnes	former player for Liverpool, dito
to deny s.th.	to say that something is not true or does not exist
comfortable on the ball	very good with the ball
vision (n)	inspiration, imagination
awareness (n)	here: the understanding of the game of football
magnificent (adj)	excellent
to relive	to experience once again
World Cup glory of '66	1966 was the last time England won the World Cup, beating Germany by a goal that has been much discussed ever since (did the ball cross the line or not ?)
jigsaw (n)	"Puzzle"
to reach your peak	to reach the point when you are at your best
proud (adj)	feeling happy and strong because of what you or someone else has got or has done
bare (adj)	not covered by cloth, naked
shame (n)	"Schande"
to encourage s.o. to do s.th.	to talk to s.o. in order to give them courage to do something
mad (adj)	here: crazy
to get engaged	to promise to marry each other

<u>Sequence 2: Shopping</u>

bitch (n, vulg)	prostitute; often used to express strong anger about a girl or a woman
flamin' (adj, vulg)	= flaming = damn
bloody (adj, inf)	a strong swear word, used mostly in BE
accessories (n, pl)	something that is part of your outfit but not part of your main clothing; e.g. a handbag
dowry (n)	goods, e.g. clothes that a daughter is given by her parents and brings into her marriage
suit (n)	here: dress
to complain	to tell someone about something that you find unacceptable, hoping that they will do something about it ("sich beklagen")
spoiled (adj)	you spoil children by giving them everything they want
dhania (n, Hin)	green coriander ("Koriander")
bunch (n)	several flowers, fruits etc. which are bound together
achar (n, Hin)	Hindi word for 'pickle' = vegetables or fruits kept in vinegar ("Essig") or salt water; achar is very hot
freedom (n)	liberty; the state of being free
contacts (n, pl, inf)	contact lenses ("Kontaktlinsen")
innit (inf)	isn't it
fiancé (n)	the man a woman has promised to marry
to dye	to change the colour of hair or clothes
to chat	to talk in an informal way, mostly about something that is not important
facial (n)	a treatment to work out the beauty of a woman's face
laters (inf)	see you later

I wouldn't be seen dead in that.	I think that piece of clothing is awful, so I would never wear it.
all the rage	"der neueste Schrei"
poppet (n, inf)	used to address a child or someone you are fond of (like "sweetie")
to blow up	here: to pump air into something
lilo (n)	"Luftmatratze"
to pop	here: to put
valve (n)	"Ventil"
to slip	here: to put into
cleavage (n)	"Dekolleté"
embarrassing (adj)	here: acting in a way that makes other people feel ashamed or uncomfortable
Fleur	= Petite Fleur: a maker of underwear for women
bra (n)	a piece of underwear that covers women's breasts
gel bra (n)	a bra filled with gel which makes a woman's breasts appear bigger
plain (adj)	simple, unattractive
to enhance	to make something better, bigger etc.
lace (n)	"Spitze"
Lycra (n)	a material used to produce tight-fitting clothes, e.g. nylons ("Strumpfhosen") or sport clothes
mate (n)	friend
cardi (n)	= cardigan ("Strickjacke")
Saat Scri Akal (Hin)	"immortal God is truth" (Sikh greeting)
Massiji (Pun)	mother's sister, aunt
samosas (n, pl)	Indian food: pastries filled with meat and/or vegetables, fried in hot fat
daughter-in-law (n)	"Schwiegertochter"
beta (n, Hin)	son
genetics (n)	the science of genes
carrier (n)	"Träger, Überträger einer genetisch bedingten Krankheit"
to pass on	"übertragen auf"
defective (adj)	broken, imperfect
A, B, ...	marks in British schools: A = extremely good, B = fairly good, C = average ("Durchschnitt"), D = below average
uni (n, inf)	university

<u>Sequence 3: Engagement Party</u>

Fancy a quick game ?	How about a quick game ?
on earlies (inf)	"auf Frühschicht"
Heathrow (Airport)	the biggest airport in England, near London
to chest	here: to stop the ball with your chest
bounce (n)	a quick jumping movement
25 yards	about 23 m (1 yard = 0,9144 m)
to bend	to kick the ball so that it performs a curve in the air
to carry on	to go on
arranged (adj)	fixed (here: by your parents)
marriage (n)	getting married, or the state of being married
scenery (n)	here: beautiful countryside

bald (adj)	with little or no hair on the head
clean-shaven (adj)	"glattrasiert"
proper (adj)	real, authentic
Sikh	follower of Sikhism, a religion founded by Guru Nanak, based on Hinduism and Islam; "sikh" means "to learn"
M.O.T.	a certificate that your car is roadworthy (= fit for the road), handed out by the Ministry Of Transport
alternator (n)	"Lichtmaschine"
gone (adj)	broken
Merc (inf)	= Mercedes
carburettor (n)	"Vergaser"
to bother	here: to disturb ("stören")

Sequence 4: Soccer In The Park

tick (adj, inf)	fancy, good-looking
X-level (n)	"nicht jugendfrei"
lifetime guarantee (n)	the promise that something will work properly forever
gorgeous (adj)	great, fantastic
bod (n, inf)	= body
six-pack (n)	strong stomach muscles
to faint	to lose consciousness ("in Ohnmacht fallen")
fly (adj, inf)	good-looking, "hot"
slag (n, inf)	"Schlampe"
lot (n, inf)	a group of people (sometimes expressing disrespect)
V (n, inf)	= virgin: a girl that has not slept with a boy yet
to get off with s.o. (inf)	to sleep with someone, to start a sexual relationship
gori (n)	white (not Indian) girl or woman
side (n)	team
Southall	a part of London where many Indians live
sari (n)	a long dress wrapped around the body, traditionally worn by Indian women
squad (n)	here: a number of people from which a team is chosen ("Mannschaftsaufgebot")
season (n)	"Saison"
tournament (n)	a sports competition in which players or teams have to win a match to continue playing (until two players or teams meet in the final)
trial (n)	here: a test to find out if someone is good enough
new blood (n)	new people
to swap	if you swap things, you give something to someone else and get something in return

Sequence 5: Trial Practice

to be serious (n)	to mean what you say (instead of making jokes)
to piss around (n, inf)	to waste time by doing something stupid or worthless
She's got balls. (inf)	She's really good.
at least	"zumindest"
up front	"vorn, im Sturm"
boots (n, pl)	here: football shoes

to join (in)	to become the member of a club, team etc.
to pass the ball	here: to kick the ball to a teammate
It's all her fault.	It's all because of her.
to whine	to complain about something in an annoying way
to bust	to break
to set up	here: to start
to be on s.o.'s case	here: to keep telling someone what to do, to go on bothering s.o.
at the bottom	"ganz unten"
low	<-> high
You're so full of it. (inf)	You're talking nonsense.
trophy (n)	a prize you get when you win, e.g. a cup or medal
to pass (e.g. a test)	here: to be successful
Your folks up for it ?	Is it okay with your parents ?
I suppose...	I think...
for ages	for a very long time
to do s.th. professionally	to do something as a job/profession
pro	= professional
league (n)	"Liga"
pitch (n)	here: football field
corner flags (n)	"Eckfahnen"
changing room (n)	a room where you change your clothes
to know your stuff (n)	to be very good at what you do
gutted (adj, inf)	here: very disappointed
injury (n)	damage to a body, physical damage
to support s.o.	to help someone

<u>Sequences 6: Injuries</u>

Pack it in !	Stop it !
state (n)	here: the way something looks
fuchsias (n, pl)	"Fuchsien"
to realise	to understand or become aware of something
bleedin' (adj, inf)	= bleeding: damn
to shag s.o. (inf)	to make love to someone
bloody (inf)	"verdammt noch mal"
Sporty Spice	Melanie Chisholm, one of the "Spice Girls", who were a very successful British pop group in the 90s
fella (n, inf)	= fellow = man, boyfriend
to get off s.o.'s back (inf)	to leave someone alone
to chase	if you chase someone, you run after them in order to catch them
to be over the moon about s.th.	to be extremely happy about something
tatty (adj)	dirty, worn
to do the job	to work properly
kit (n)	special clothing and equipment you wear when you do sports, especially when you play for a team
tracksuit bottoms (n, pl)	"Trainingshose"
defensive record (adj, n)	"Verteidigungsstatistik"
division (n)	in sports, a division is one of several groups of teams in a league

to be due for s.th.	if you are due for something, the time has come that it happens to you
stuffing (n, inf)	here: beating
pace (n)	here: speed
She could do with...	She needs...
service (n)	here: help
Painters and decorators are in.	I've got my period.
stunner (n)	usually: an extremely good-looking woman
to care about s.th.	if you care about something, it is important to you
to affect s.th.	to have an effect on something
to work overtime	to work longer than usual or expected
beans (n, pl)	"Bohnen"
to catch light	to catch fire
to pour	if you pour water etc., you let it flow out of a container
outright (adj)	completely, totally
to dawdle	to waste time
sob story (n)	a sad story that makes you cry

Sequence 8: No More Football !

ace (adj)	very good
burn (n)	here: a scar caused by burning ("Brandnarbe")
It's disgusting (adj)	It's making me sick.
Back off !	Stop it ! Go away !
wanker (n, vulg)	someone who is very stupid (originally: a person who masturbates)
to skin s.o. alive	to take off someone's skin while they are still alive
skill (n)	the knowledge and ability to do something
Chi ! (Pun)	"Pfui !"
dal/daal (n, Hin)	lentil soup ("Linsensuppe")
to go far	here: to become very good, to achieve a lot
to select	to choose
chapattis (n, pl, Hin)	round pieces of Indian bread (which originally are held into an open flame so that they puff up like a balloon)
exam (n)	the final test at the end of your time at school, college, university etc.
vegetarian (adj)	food that contains no meat
niece (n)	the daughter of your brother or sister
to answer back	"Widerworte geben"
skirt (n)	"Rock"
fashion designer (n)	someone who designs clothes
divorced (adj)	when a man and a woman are divorced, their marriage is officially ended
to be cast off	to be thrown away
to behave	to act in a certain way
to be out of order	here: to be wrong
to bunk off school (inf)	"Schule schwänzen"
daytimer (n, inf)	a place where people go to dance during the day because they cannot go at night
aloo gobi (n, Hin)	vegetarian Indian meal with potatoes (aloo) and cauliflower (gobi)

to sneak off/out	to go away quietly, without anyone noticing
to hurt	to cause pain
to make up with s.th. (inf)	to be happy with something
bollocks (inf)	nonsense
You can't take no for an answer.	You can't accept that.
stressed out (adj)	"gestresst"
scout (n)	someone who looks for very talented players
summer job (n)	a little job you do in the holidays, e.g. working at a record shop like HMV (His Master's Voice)
to put in a good word for s.o.	"für jemanden ein gutes Wort einlegen"
to get s.th. sorted	to work something out, to get something right

Sequence 10: Almost Exposed

to do the suits	here: to take measurements to make sari suits
the Tube (inf)	the London Underground
to pick s.o. up	to collect someone, usually with your car
to have a clue	to know what is going on
blimey (inf)	used to express surprise or a strong feeling (like "gosh")
That's not on. (inf)	"Das ist nicht angesagt."
to be supposed to	if you are supposed to do something, people expect you to do it
backward (adj)	not modern, too conservative
to be promised to s.o.	if you are promised to someone, your parents have chosen a husband/wife for you
It's a love match.	The marriage was not arranged by the parents.
definitely (adv)	certainly, without any doubt
Muslim (n)	"Moslem"
probably (adv)	"wahrscheinlich"
to put up with s.th.	to live with something, to tolerate something
What's the point in that ?	What good is that going to do ?
to starve	to die from hunger
lunch hour (n)	the break you take at lunch
to miss s.o.	here: not to meet someone because you are too late
to be shit for brains (vulg)	to be totally stupid
If you're gonna go to all this bother lying... (inf)	If you go to all this trouble in order to lie...
net curtains (n, pl)	"Tüllgardinen"

Sequence 11: The Shoes

waist (n)	"Hüfte"
bust (n)	"Oberweite"
rude (adj)	very impolite, here: too sexy
choli (n, Hin)	blouse
fitted (adj)	a piece of clothing that is fitted has the same size and form as your body; it is tight (instead of loose)
to dress	to put on clothes
blouse (n)	"Bluse"
petticoat (n)	"Unterrock"
mosquito bites (n, pl)	"Mückenstiche"

juicy (adj)	full of juice, which usually means the liquid inside a fruit ("saftig")
to come into line	to start behaving as you are expected to
wages (n, pl)	the money you earn at your job
channel (n)	here: a TV programme
loo (n, inf)	toilet
pub (n)	a place you go to to have drinks (usually alcoholic drinks)
heel (n)	"Absatz (beim Schuh)"

<u>Sequence 12: Joe</u>

We'll sort you out.	We'll find something for you. (here: the right shoes)
to have a fit	"einen Anfall kriegen"
ashtray (n)	a container where people who smoke put the ashes from their cigarettes etc.
pan (n)	a round container with a long handle used for cooking and frying food
to keep it up	to go on
lap (n)	the round you run (or drive) around a track
to decide	to choose to do something
to twist your ankle	"sich den Fuß verstauchen, umknicken"
slight (adj)	here: slim; having a light, delicate body
to screw	here: to seriously damage something
weight (n)	the heaviness of a person or an object
to stick, stuck, stuck	"kleben"
bow (n, pl)	"Schleife"
strict (adj)	firm, hard
to beat s.o.	to win against someone
Millwall F.C.	football club in south-east London ("The Lions")
wicked (adj, inf)	here: great, fantastic
WUSA	Women's United Soccer Association
incredible (adj)	unbelievable
Mia Hamm	famous American soccer player
Tiffeny Milbrett	dito
Brandi Chastain	dito
Kelly Smith	famous English football player
to hide s.th.	to put something in a place where it cannot be seen or found
to have company (n)	not being alone
butch women (n, vulg)	women who look like men; lesbians
elders (n)	parents
cheeky (n)	"frech"
to fix s.o. up	to find a husband/wife for someone
handsome (adj)	good-looking
to embarrass oneself	"sich blamieren"
to get sacked	to get fired
bloke (n, inf)	boy, man ("Typ")
to be off limits	if something is off limits, you are not allowed to do it, get involved in it etc.
prat (n, inf)	idiot

Sequence 13: Swear By Babaji

to cause trouble	to create problems for someone
duty (n)	what you have to do, e.g. as part of your job or because of your principles
to misjudge	to get the wrong idea
map (n)	here: mirror
flipping (adj, inf)	damned
to call s.th. off	to cancel something
to be filthy (adj)	here: to engage in immoral, sexual behaviour
in secret	without anyone else noticing or knowing about it
swearing words (n, pl)	"Flüche"
For God's sake !	"Um Himmels willen, verdammt noch mal !"
to make an excuse	to give a weak explanation for a mistake you have made
fault (n)	mistake
dikey girl (n, vulg)	lesbian
deceiving (adj)	"betrügerisch, falsch"
past (adj)	former

Sequence 14: Father Speaks

to barge in on s.o.	to disturb someone
in person	personally
to apologize	to say sorry
tremendous (adj)	enormous
potential (n)	the abilities and talents a person was born with (which possibly do not yet show fully)
honour (n)	"Ehre"
fastballer (n)	a player (pitcher) who throws very fast balls in cricket or baseball
goreh (n)	white (not Indian) men
to make fun of s.o./s.th.	to make jokes about someone/something
to send s.o. off	to send s.o. off the pitch, to exlude s.o. from the match
Nasser Hussein	famous cricket player and captain for England
to be up against s.th.	to have something in front of you which you must overcome

Sequence 15/16: Hamburg, Here We Come / Just A Little Wine

to know the score (n)	to fully understand a situation
to cover for s.o.	"jemanden decken"
Croydon	large town south of London
pasta (n)	spaghetti
"Say hi to Dad !"	"Grüß Dad von mir !"
club (n)	here: a place where people go to dance
to gloat	to talk about yourself and your successes in an arrogant, unpleasant way
wuss (n, inf)	someone who is not brave at all, but a coward
penalty (n)	"Elfmeter"
Jerries (n, inf)	Germans

to come natural to s.o.	if something comes natural to a person, they behave in a certain way because it is their nature
Steady on !	Watch it ! Be careful !
smoky (adj)	full of smoke
to be a barrel of laughs	to be funny

Sequence 17: Consequences

I knew something was up.	I knew there was something going on.
family do (n, inf)	family meeting
to go to grief	to go to a lot of trouble
flashy (adj, inf)	showing that you have a lot of money
to be mad on s.o.	to be in love with someone
chairman (n)	"Vorsitzender"
to consider s.o. for s.th.	to think about someone for a certain job
to count on s.th.	to think that something will happen or become true
to deserve s.th.	if you deserve something, it will be logical and acceptable if you get it
pleased (adj)	happy
to be off the team	to be out of the team
for good	forever
to piss s.o. off (inf)	to make someone angry
to please s.o.	to make someone happy, e.g. by doing what they expect you to do
to blame s.o.	"jemanden beschuldigen"
to get pissed (inf)	to get drunk
the game (n)	here: playing football
to piss oneself (inf)	to laugh very hard about something
to give up	to stop doing something because you are too weak to go on, have lost all motivation to do it etc.

Sequence 18: Jess Visits Jules

curry (n)	a meal seasoned with curry ("Curry-Gericht")
to be down (inf)	to be sad
to cheer s.o. up	to make someone happy again
cheese straws (n)	"Käsestange"
gruyere (n)	Swiss cheese
to give s.o. a shout	to call for someone
to fancy	to like
to be in a strop (with s.o.)	to be angry
to pretend	to behave as if something is the fact when it is not
innocent (adj)	not guilty
to act	here: to behave
to betray s.o.	"jemanden betrügen"
depressed (adj)	very sad
lately (adv)	recently, in the last days or weeks
to jump to a wrong conclusion	to misunderstand something because you do not think carefully about it
prints (n, pl)	here: designs
swimwear (n)	clothes you wear for swimming

sarongs (n, pl)	a long piece of cloth, hanging down from a woman's waist like a loose skirt
George Michael	British pop star who outed himself as being homosexual; now a solo artist, he was formerly the lead singer of the pop group "Wham"
to go on about s.o. or s.th.	not to stop talking about someone or something
private business (n)	what should not be spoken about in public
papers (n, pl)	here: newspapers
to go out	here: to be together
weird (adj)	strange, not normal
to hate	"hassen"
to fall for s.o.	to fall in love with someone
Posh and Becks	Victoria Beckham ("Posh Spice", one of the "Spice Girls") and David Beckham
tosser (n, vulg)	a person who masturbates
fit (adj)	here: well-built, good-looking

Sequence 19: I Owe You Big Time

to owe s.o.	to feel that you must do something for another person because they have done something for you
big time (inf)	very much
langar (n, Hin)	free food served in a Sikh temple after the service
sense (n)	reason ("Verstand, Vernunft")
lezzies (n, vulg)	lesbians
lad (n)	young man or boy
boobs (n, inf)	tits
to knock s.o. out	to hit someone so hard that they faint
Piss off !	Go away ! Get lost !
Paki	Pakistani
ref (n, inf)	referee ("Schiedsrichter")
violent (adj)	behaviour by which you hurt or kill other people
conduct (n)	behaviour
towards (prep)	"gegenüber"
to suspend s.o.	here: to keep someone from continuing to play in a tournament
Q.P.R.	Queens Park Rangers F.C., a London football club (the "Super Hoops")
cheer (n)	shout of joy
to yell at s.o.	to shout at someone
to treat	"behandeln"
to tug	to give s.th. a strong, quick pull
to overreact	to react too strongly
to eat dirt (inf)	here: to behave very politely after you have made a mistake
extension (n)	one or more rooms added to a house
paneer tikka (n, Hin)	vegetarian Indian meal with Indian cheese (paneer)
cancelation (n)	"Absage"

Sequence 20: The Scout

to be over s.th.	here: to have made your peace with something
to show up	to arrive, to appear
to bear s.th.	to tolerate something
Don't rub it in.	Don't talk about that any more, it's bad enough.
to waste one's time	to do something which is of no use
to be offside	"im Abseits stehen"
teriyaki sauce (n)	a Japanese sauce, similar to soy sauce ("Sojasauce")
goalkeeper (n)	the player who guards the goal and who is allowed to catch the ball with his hands
posh (adj, inf)	expensive, fashionable, upper-class
French mustard (n)	"französischer Senf"
defender (n)	a player whose main job it is to keep the other team from scoring
attacker (n)	a player whose main job it is to score
to be level	"auf gleicher Höhe sein"
A-level (n)	Advanced Level: final school exams taken by students in Great Britain during further education (~ "Abitur")
solicitor (n)	lawyer; a qualified person who gives people advice on laws and may represent them in court ("Anwalt")

Sequence 21: Before The Final

to be on one's own	to be alone
to impress s.o.	to make s.o. respect you
No worries !	Don't worry !
I appreciate it.	here: I accept that.
celebration (n)	a special event people organize to show that an event or occasion is important to you
the opportunity of a lifetime	a chance you probably only get once in your life
to go to waste	to remain unused, to be thrown away
putar (n, Hin)	child
to have a shot (inf)	to have a chance
to let s.o. down	not being there for someone to help them
to mess with s.th.	to damage s.th.
to bust s.o.	here: to throw someone out
studies (n)	here: the work you do at university

Sequence 22/23: Endgame And Wedding Party / Free Kick

Ascot	a famous course for horse racing in Berkshire, England; the Royal Meeting at Ascot is a major media event
jar (n)	a big container made of glass
Ragu (n)	meat sauce served with pasta, mainly made of tomatoes
to make it	here: to get somewhere in time
to go spare (inf)	to become very angry
to notice	to become aware of/to pay attention to someone or something
funeral (n)	the religious ceremony that is held when someone is being buried

decent (adj)	here: to wear enough clothes so that you will not be embarrassed by other people seeing you
My eyes glazed over.	My eyes went blank.
scholarship (n)	if you have a scholarship, someone else (usually an organization) pays for your studies ("Stipendium")
hypocrite (n)	someone who shows qualities, beliefs, moral principles they do not really have ("Heuchler")
respectful (adj)	probably mixed up with 'respectable' here, meaning behaving in a morally correct way
your lot (inf)	here: your family
in broad daylight	for everyone to see
Pisces	"Sternzeichen des Fischs"
lesba (n, inf)	lesbian

<u>Sequence 24: Final Conflict</u>

to live abroad	to live in a foreign country
to be a big deal	here: to be scandalous
to cheer for s.o.	to shout loudly for someone, to applaud them
to have functions	a large celebration, e.g. a wedding
to be bored out of your mind	to be bored so much that you go crazy
to ask for blessings	here: to ask the parents of a young woman to allow you to marry her
condition (n)	"Bedingung"
relatives (n)	the members of your family
Guru Nanak	the founder of Sikhism
to bless s.o.	to give s.o. a special quality ("jdn mit etwas segnen")
to handle	to bear, to tolerate
on the contrary	"im Gegenteil"
to vow	to make a promise
to suffer	to feel pain ("leiden")
There's not much point...	"Es hat nicht viel Zweck..."

<u>Sequence 25: First Kiss</u>

perfume (n)	"Parfum"
close by	near
to board	to enter
to pull pints	to fill glasses with beer (1 pint = 0,568261 litre)
to turn s.o. down	not to accept an offer someone has made you
to turn pro	to become professional
Yanks (n, pl, inf)	= Yankees = Americans
to train s.o. up	to train someone so that they become a better player
to sign s.o.	to hire someone by contract ("unter Vertrag nehmen")
to afford s.th.	if you can afford something, you have enough money to buy it, do it etc.
You wish.	In your dreams.
distance (n)	the amount of space between two points
concerns (n, pl)	worries, anxiety
to have s.th.	here: to have the chance of a relationship
to tackle s.o.	to deal with someone to solve a specific problem

3. About A Boy (2002)

Auch bei diesem Film handelt es sich um eine Literaturverfilmung, die sich allerdings ebenso gut wie "Stand By Me" losgelöst von der Vorlage behandeln lässt. Nick Hornbys dritter Roman[3] nach "High Fidelity" und "How To Be Good" avancierte schnell zum viel gelobten Bestseller. Der Titel ist interessant und ein wenig irreführend, denn im Grunde geht es um *zwei* "Jungen": um den 36-jährigen[4] Will Freeman (ein sprechender Name, denn er lebt, scheinbar glücklich, ohne jede Bindung) und um den zwölfjährigen Schuljungen Marcus Brewer. So erwachsen, wie der Klappentext der Penguin-Klett-Ausgabe betont, ist Marcus nicht: Er ist vor allem anders. Die Hauptursache seiner Probleme ist seine Mutter, deren krampfhafte Unangepasstheit auf ihren Sohn abfärbt und deren Depressionen (mit Selbstmordversuch) ihn tief verunsichern. Richtig ist, dass Marcus die entscheidende Kraft ist, die aus Will endlich einen erwachsenen Menschen macht.
Da der Roman bei aller Komik einen ernsten Grundton hat, führte es zu großen Irritationen, als die Wahl für die Regie der Verfilmung auf die amerikanischen Brüder Chris und Paul Weitz fiel. Ihr erster Erfolgsfilm "American Pie" war eine von derbem Humor durchsetzte High School-Klamotte. Wider manche Erwartung gelang den Weitz-Brüdern jedoch mit "About A Boy" eine gekonnte Gratwanderung zwischen Humor und Ernsthaftigkeit.
Die folgenden Erläuterungen beziehen sich ausschließlich auf den Film, der seiner Vorlage anfangs recht konsequent folgt, das Ende aber ganz anders inszeniert. Freilich kann man die Verfilmung auch im Anschluss an die Besprechung des Romans zeigen und die zentralen Szenen mit den entsprechenden Passagen des Romans vergleichen (sofern vorhanden). Ebenso bietet es sich umgekehrt an, in die Interpretation des Films ausgewählte Romansauszüge einfließen zu lassen und die jeweils verwendeten erzählerischen Mittel zu vergleichen. Hierüber wird man mit Blick auf die Möglichkeiten der Lerngruppe und die Zeitökonomie entscheiden müssen.
Hinsichtlich der Thematik empfiehlt sich der Einsatz des Films für die Jahrgangsstufe 11. In begabten Lerngruppen wäre auch eine Behandlung in der Klasse 10 denkbar. Die Sprache des Films ist recht gut verständlich, wenngleich Marcus (Nicholas Hoult) für die Schüler mitunter recht schwer zu verstehen ist. Schwierigkeiten beim Hörverstehen kann durch die Einblendung der englischen Untertitel abgeholfen werden. Die Lektüre des Romans wird aufgrund des Steilheitsgrades im Vokabular nur für die Oberstufe in Frage kommen.

3.1 Die Hauptfiguren

Will Freeman
Londoner, 38, überzeugter Single, genießt ein Leben ohne jede Verpflichtungen. Keine seiner Beziehungen hält länger als ein paar Wochen. Er erfindet sogar einen Sohn, um ein Date zu bekommen, hat er Angst vor einer tieferen Bindung. Er geht keiner Arbeit nach, auch nicht zum Spaß, da er von den Tantiemen des erfolgreichen Songs "Santa's Super Sleigh" leben kann, den sein Vater einst schrieb. Was Verantwortung ist, lernt Will erst, als Marcus in sein Leben tritt.

Marcus Brewer
Ein introvertierter Zwölfjähriger, der mitunter erwachsener wirkt als Will, dafür aber hoffnungslos "uncool". Nach der Scheidung seiner Eltern ist er mit seiner Mutter nach Islington gezogen, doch auch an der neuen Schule gilt er schon als Außenseiter, weil er sich nicht an-

[3] Nick Hornby: About A Boy. Penguin Books, London 2000.
[4] Im Film ist Will 38 Jahre alt.

passen will. Das hat auch mit den Überzeugungen seiner Mutter zu tun, aber nicht nur, denn Marcus hat seinen eigenen Kopf. Hartnäckig versucht er, seiner Mutter zu helfen, will sie sogar mit Will verkuppeln. Unfreiwillig zwingt er Will, endlich ein Mensch unter Menschen zu werden.

Fiona Brewer
Marcus' Mutter wirkt in ihrer ökologisch-esoterisch angehauchten Lebenssicht ein wenig weltfremd. Sie klammert sich an ihren Sohn und begeht in tiefer Depression einen Selbstmordversuch. Nur langsam findet sie zurück ins wirkliche Leben und zur Rolle einer Mutter, die loslassen kann.

Suzie
Suzie ist eine Freundin Fionas aus dem "SPAT"-Club (Single Parents Alone Together), mit der Will anzubandeln versucht. Dies wird durch Marcus' Entdeckung, dass Will gar keinen Sohn hat, verhindert.

Rachel and Ali
Rachel ist die erste Frau, die Will etwas bedeutet. Auch sie ist geschieden und hat einen Sohn im Alter von Marcus, was dazu führt, dass Will auch sie wieder anlügt und Marcus als seinen eigenen Sohn ausgibt. Die Offenbarung des Betrugs bedeutet das vorzeitige Ende ihrer Beziehung, doch am Schluss finden sie wieder zueinander.

Ellie
Marcus' erste Flamme, ausgerechnet die gefürchtete Punkerin der Schule. Obwohl äußerlich sehr verschieden, haben die beiden eins gemeinsam: Sie sind alles andere als angepasst, was wohl auch der Grund dafür ist, dass Ellie Marcus in ihr Herz schließt. Mit ihr gewinnt er einen guten Kumpel, und Ellies Ansehen wirkt sich auch positiv auf seine Position in der Schule aus.

3.2 Sequenztabelle

sequence	**DVD chapters**	**plot**
1: Will and Marcus	01 (0:00:00-0:06:32)	exposition of Will and Marcus
2: Single Mums	02 (0:06:32-0:10:31) 03 (0:10:32-0:12:51)	Will discovers single mums: Angie Marcus is having a hard time: his mother is depressed, and he is bullied at school
3: SPAT	04 (0:12:52-0:17:07)	Will goes to SPAT, makes up Ned, meets Suzie
4: Dead Duck Day	05 (0:17:08-0:20:10) 06 (0:20:11-0:22:23) 07 (0:22:24-0:28:35)	preparing for the SPAT picnic Marcus kills a duck Fiona attempts suicide; when she comes home, Marcus decides they need "backup"
5: Marcus Persuades Will	08 (0:28:36-0:33:44) 09 (0:33:45-0:42:15)	Marcus persuades Will to buy them lunch; Will complies and watches them singing with their eyes closed Marcus spies on Will and finds out that Ned does not exist; to keep his secret, Will lets Marcus into his life
6: Will Gets Involved	10 (0:42:16-0:45:37) 11 (0:45:38-0:50:14)	Marcus gets bullied, Will buys him cool trainers the trainers are stolen, so Fiona finds out where Marcus spends his afternoons; she points out to Will that he is involved now
7: Will Enjoys Christmas	12 (0:50:15-0:55:50)	Will does not want to come over for Christmas, but he does; Will is embarrassed by Suzie, Marcus opposes his mother, and Will enjoys Christmas
8: Two Boys Get A Crush	13 (0:55:51-1:00:05) 14 (1:00:06-1:06:23)	Marcus meets Ellie, Will meets Rachel; once again, he makes up a son: Marcus Marcus plays along; they meet Rachel and her son Ali
9: Will's Depression	15 (1:06:24-1:10:52) 16 (1:10:53-1:16:22)	Will reveals to Rachel that Marcus is not his son; they split up Fiona is depressed again; Marcus asks Will for help, who feels he cannot help with real things and sends him away
10: The Concert	17 (1:16:23-1:22:19) 18 (1:22:20-1:30:03)	Marcus enrols for the school concert to help his mum; in his depression, Will realises that Marcus is the only thing that means something to him; to help Marcus, Will must help Fiona, so he meets her at SPAT, where he learns about the school concert Marcus sings his song for his mum, gets booed at; Will steps up to help him
11: Backup	19 (1:30:04-1:32:22) without end titles	the next Christmas: Will still thinks that men are islands, but more like island chains; they are all connected now, a family; they have "backup"

3.3 Synopsis und Interpretation

Sequenz 1: Will and Marcus (DVD chapter 1)
Der Vorspann geht nahezu unmittelbar in die Handlung über. Schon nach wenigen Einblendungen wird der Zuschauer in die Welt des Protagonisten eingeführt: Es ertönen die bekannten Klänge der Quizshow "Who Wants To Be A Millionaire". Das allein würde die Figur des Will Freeman noch nicht hinreichend charakterisieren, doch führt die Quizfrage weiter: "Who wrote the phrase 'No man is an island.' ?" Im Voice-Over, einem durchgängig zur Kommentierung und Kontrastierung verwendeten Stilmittel dieses Films, hören wir den Protagonisten: Will gibt souverän die Antwort, und irrt sich doch (die richtige Lösung lautet John Donne: "No man is an island, entire of itself; every man is a piece of the continent, a part of the main.") Aber es geht hier nicht wirklich darum, dass die Popkultur klassische Bildung verdrängt, sondern um die Metapher an sich, deren Bedeutung Will strikt ablehnt. Sein Lebensmotto ist das Gegenteil: "All men are islands." Die Übersetzung des Bildes ist eindeutig: Jeder lebt für sich.
Noch vor hundert Jahren, so Will, lebte man in einem Zustand, der ihm zuwider wäre: "You had to depend on other people." Mit der Bemerkung, die heutige Zeit sei ideal für ein Inseldasein, beginnt Will zu erklären, wie bequem er sich auf seiner Insel eingerichtet hat: mit "coolem" Equipment, CDs, DVDs, Espressomaschine – und vor allem ohne andere Menschen. Als Kristina, die schwedische Touristin, mit der er wohl das letzte Wochenende verbracht hat, auf seinen Anrufbeantworter spricht, folgt sofort die Abwehrreaktion, indem der Zettel mit ihrer Telefonnummer in den Papierkorb fliegt. Wills Lebensraum wirkt chic, aber auch steril. Dazu passt, dass Wills Gesicht nur durch eine kalte Spiegelung in der Espressomaschine ins Bild kommt. Er hält sich für cool wie "Ibiza" und wirkt zugleich "a bit blank", wie es später einmal heißen wird.
Das Gegenteil zu Wills unbeschwerter Glanzwelt rückt durch eine Wischblende (ein häufiges Mittel der Montage in diesem Film) in den Blick: ein Junge im Dunkeln, in voller Bekleidung auf dem Bett, schlaflos, ein Hamster im Laufrad – beide gefangen in einem Teufelskreis. Wiederum im Voice-Over erfahren wir mehr über die Figur, aus ihrer eigenen Sicht: Marcus ist unglücklich, denn er fühlt sich wie ein Fremdkörper in der Welt: "I just didn't fit." So wie er nicht in seine alte Schule passte, kann er sich auch in der neuen Schule nicht anpassen. Das folgende Reinigen des Hamsterkäfigs zeigt einerseits die weniger betuchten Verhältnisse, in denen Marcus lebt. Es verdeutlicht zugleich, dass er tatsächlich noch Kind ist. Seine Bindung an die Mutter ist stark, er würde am liebsten von ihr unterrichtet werden, doch das können sich die Brewers nicht leisten. Sie leben allein, so dass seine Mutter als "music therapist" arbeiten muss. Ein junger Filmstar zu sein wie Haley Joel Osment, bleibt für Marcus ein Traum; im Grunde wäre es für ihn auch eher ein Alptraum, denn er hasst es, vor anderen zu sprechen. (Interessantes, aber unwichtiges Detail: Toni Collette, hier Marcus' Mutter, spielte in "The Sixth Sense" die Mutter von Haley Joel Osment.)
Gleich zu Beginn wird klar: Dieses Kind ist ein nachdenklicher Außenseiter, der bisher ebenso wenig wie Will seinen Platz im Leben gefunden hat – aber sich dessen, immerhin, bewusst ist. In diesem Sinne ist der Junge dem scheinbar Erwachsenen überlegen, auch wenn seine Situation, oberflächlich betrachtet, die trostlosere ist. Hiermit sind nun die zwei Protagonisten vorgestellt, *zwei* "boys", denen die entscheidende Reifung noch bevorsteht.
Eine weitere Wischblende führt zurück zu Will, der seine Insel ab und zu verlassen muss, um das "Festland" zu besuchen. Wie wir sehen, fährt er einen Audi TT, das Auto für den Yuppie, nicht für den Familienvater. Immerhin scheint Will so etwas wie Freunde zu haben, Christine und John, die allerdings längst eine Familie gegründet haben. Hiermit bieten sie Will genau die Abschreckung, die er zur Bestätigung seines Lebensstils braucht: die Wohnung ein Chaos, ein zappelndes Baby, das Imogen heißt (was wiederum eine gewisse Exzentrik des hier präsentierten Lebensstils andeutet) und mit dem Will nichts anfangen kann, dazu noch ein kleiner

Rotzlöffel namens Barney ("the Antichrist"). Es ist klar: Will hat keine Familie, und er will auch keine (im Voice-Over: "I'd rather eat one of Barney's dirty nappies."). Seine Freundin Christine liefert weitere Informationen über sein Leben: Er ist 38, hat noch nie gearbeitet und noch keine Beziehung länger als zwei Monate aufrecht erhalten. Als sie nach dem Sinn seiner Existenz fragt, wird an Wills gelassener Reaktion noch einmal deutlich, dass hier zwei Welten aufeinander prallen: "What is the point of your life ?" – "You're probably right, there's probably no point to my life, but thank you for bringing it up."
Konsequenterweise lehnt er das nett gemeinte Angebot, Imogens Patenonkel zu werden, mit brutaler Ehrlichkeit ab: Er würde sicher all ihre Geburtstage vergessen bis auf den achtzehnten, an dem er sie dann vermutlich betrunken machen und versuchen würde, sie ins Bett zu kriegen. Wieder prallen Christines Bemühungen, Wills "hidden depth" zu entdecken, an ihm ab: "No, no, you've always had that wrong. I really am this shallow." Das Problem ist, dass er seine Tiefen selbst noch nicht entdeckt hat. Hierfür fehlt ihm der entscheidende Impuls von außen.
Auch die Charakterisierung der zweiten Hauptfigur wird vertieft, bevor die Entwicklung der beiden beginnt. Marcus wird von seiner Mutter zur Schule begleitet. Beide bilden in ihrem seltsam bunt-unbunten, überhaupt nicht "coolen" Outfit nicht nur einen deutlichen Kontrast zu Will, sondern auch zu allen anderen Menschen. Marcus reflektiert offensichtlich den alternativen Lebensstil seiner Mutter und hat sich auch ihrem Schutzbedürfnis unterworfen. Schwacher Widerstand zeigt sich nur in seiner Bemerkung, dass sie ihn nun nicht mehr zu Schule bringen müsse. Doch der Widerstand ist zwecklos, der Wille der Mutter zu stark. So besteht sie auch auf dem peinlichen Ritual, das Marcus seine Individualität bewusst machen soll: "Who are you ?" – "I'm me." – "And what are you not ?" – "A sheep." – "Right. And what does a sheep go ?" – "Baaaa..."
Dass ihn dieses Ritual zusammen mit ihrer tief gefühlten Liebesbezeugung vor seinen Schulkameraden höchst angreifbar macht, sieht Fiona nicht. Sie klammert sich an ihn, kann ihn kaum gehen lassen, geschweige denn ihm eine echte Individualität zugestehen, die ihm in seinem direkten Umfeld zu Akzeptanz verhelfen und wirklich stark machen würde. So wird klar, dass auch Fiona im Lauf der Handlung eine Entwicklung durchmachen muss, wenn die Dinge wieder ins Lot kommen sollen. Auch sie muss erkennen, dass das Individuum nicht für sich allein existieren kann; es braucht die Verbindung zu anderen Menschen, zu welcher Akzeptanz der erste, notwendige Schritt ist.

<u>Sequenz 2: Single Mums (DVD chapters 2/3)</u>
Von solchen Problemen scheint Will weit entfernt. Er ist wieder einmal auf dem Weg in ein schickes Restaurant, zu einem Date mit Angie, das Christine und John für ihn arrangiert haben. Im Voice-Over verrät er schon, dass sie ihm dabei etwas verschwiegen haben; sie hatten ihre Gründe, denn seine Reaktion auf Angies Nachricht "I have a three year-old boy." ist eindeutig: "I wanted to throw the napkin on the floor, push over the table and run." Allerdings hören wir ihn wieder nur im Voice-Over, und die beginnende Veränderung zeigt sich in seiner gesprochenen Antwort: "Brilliant. I love kids." Natürlich wirkt Will hier noch gespalten, was durch weitere Voice-Over-Kommentare unterstrichen wird. Er spricht das Gegenteil von dem aus, was er denkt, meint nicht, was er sagt, und scheint nur daran interessiert, Angie ins Bett zu kriegen. Seine Beschäftigung mit Angies Sohn bleibt denn auch rein oberflächlich, was er indirekt dadurch legitimiert, dass das Kind sich auch durch Oberflächlichkeiten beeindrucken lasse: "Her kid took to me right away, mainly because on our first meeting I took him to the zoo and held him upside down by his ankles."
Durch Angie entdeckt Will das "Faszinierende" an Beziehungen mit alleinerziehenden Müttern. Im Vergleich mit den Vätern ihrer Kinder, von denen sie schlecht behandelt und schließlich im Stich gelassen wurden, avanciert selbst eine emotionale Leerstelle wie Will Freeman zu einer "wonderful person". Natürlich wird ihm der Auftritt als "Will the Good Guy" schnell

zu anstrengend, und Angies Zuspätkommen zum neuen IMAX-Film, weil der Babysitter sie versetzt hat, ist für ihn ein echtes Ärgernis. Schlimmer noch wiegt die Tatsache, dass sie sich immer bei Angie treffen müssen, die weder einen DVD-Spieler, Kabel- oder Satellitenfernsehen hat. Da solche Einrichtungen bisher sein Leben ausgefüllt haben, ist ihr Fehlen zusammen mit den übrigen Anstrengungen zu viel für Will: Er will die Beziehung beenden und sieht vor seinem geistigen Auge noch einmal die typische Reaktion früherer Verflossener, die mit ihren Charakterisierungen genau richtig liegen: "You self-centred bastard. – You useless, superficial loser."
Doch überraschenderweise kommt ihm Angie zuvor. Will kann seine Freude über ihr schluchzendes Geständnis, sie sei noch nicht reif für eine neue Beziehung, nur mit Mühe verbergen: "I'd never watched a woman cry without feeling responsible before. She even wanted me to forgive her. It felt amazing." Sein Trost für ihr Bedauern dauert gerade so lange, bis er dem Kellner signalisieren kann, die Rechnung zu bringen.
Und so entdeckt Will die "single mums" und ihre großen Vorteile: "Passionate sex, a lot of ego massage, and a guilt-free parting." Tatsächlich scheint er nach wie vor nur daran interessiert zu sein, mit Frauen zu schlafen, um dann möglichst problemlos wieder auseinander gehen zu können. Sex ja – alles Weitere ist Will zu viel. An die Gefühle der Kinder zum Beispiel denkt er nicht.
Doch nicht alle alleinerziehenden Mütter sind so einfach zu haben, geschweige denn so wundervoll, wie Will sie sich vorstellt. Die nächste Wischblende bestätigt, was schon zu befürchten war: Fiona leidet unter Depressionen. Ihre Tränen, die keine direkte Ursache zu haben scheinen und Marcus somit nicht erklärlich sind, ängstigen den Jungen. In seiner Hilflosigkeit flüchtet er in seine eigene Welt, fängt im Unterricht laut an zu singen und bietet dadurch erst recht eine Zielscheibe für den Spott seiner Mitschüler. (Übrigens singt er dasselbe Lied, das in der Frühstücksszene im Hintergrund läuft, wodurch der Eindruck verstärkt wird, dass er diese Situation zu verarbeiten versucht.) Auf dem Schulhof wird er so drangsaliert, dass sich auch die wenigen Schulkameraden von ihm abwenden, mit denen er bislang noch Kontakt hatte. Somit ist auch Marcus' bedauernswerte Situation etabliert: "I was having a shit time at home, and a shit time at school."

<u>Sequenz 3: SPAT (DVD chapter 4)</u>
Will hat zwar die "single mums" als begehrenswert entdeckt, steht aber vor dem Problem, sie zu finden. Da fällt ihm ein Poster der Vereinigung SPAT ins Auge – "Single Parents Alone Together". Noch ahnt Will nicht, dass ihn diese Gruppe mitten ins wirkliche Leben führen wird, das er bisher gemieden hat wie der Teufel das Weihwasser.
Auf dem Weg zu seinem ersten SPAT-Treffen wiederholt Will gebetsmühlenartig seinen Plan, diese vermeintliche Goldgrube an Frauen auszubeuten: Ab jetzt hat er einen zweijährigen Sohn. Die Vermutung, hier träfen sich promiskuitive Frauen in den Mittzwanzigern, "getting roaring drunk, ready to rock and roll", entpuppt sich jedoch sogleich als Irrtum. Zudem wird Will nicht nur durch die eher begrenzte Auswahl an begehrenswerten Frauen desillusioniert, sondern auch durch deren Berichte über ihre Ex-Männer. Dies bringt Will zu dem Schluss: "Men are bastards. After about ten minutes I wanted to cut my own penis off with a kitchen knife."
Wills Geschichte, wie seine Frau ihn verlassen und mit dem zweijährigen Söhnchen Ned zurückgelassen habe, erweckt bei den Frauen echtes Mitgefühl. So positiv überrascht er selbst aufgrund seiner "performance" ist, so schwer wiegt sein Betrug gerade aufgrund der Wärme, mit der ihm hier begegnet wird. Doch Will ficht das nicht an, er hat erreicht, was er wollte: ein Date mit Suzie, einer attraktiven blonden "single mum".
Nun muss er allerdings einige Vorkehrungen treffen und jene neue Welt betreten, die Welt der Eltern. Er kauft einen Kindersitz und richtet ihn so her, dass er gebraucht aussieht. Die "deleted scenes" der DVD zeigen Wills Einkaufstour ausführlich; hier wird noch deutlicher, wie

sehr hier zwei Welten aufeinander stoßen, vor allem, als Will den Kindersitz für sein Auto kauft: "What type are you looking for ?" – "It's a silver Audi with a black leather interior and a metallic trim, so...".

Sequenz 4: Dead Duck Day (DVD chapters 5-7)

Das "Date", das Will auf dem ersten SPAT-Treffen arrangiert hat, ist allerdings noch kein romantisches Abendessen mit Spätfolgen, sondern bloß ein SPAT-Picknick in Regent's Park. Natürlich kann Will keinen Ned vorweisen, also erfindet er die nächste Lüge (Neds Mutter habe ihn unvermittelt abgeholt.)

Wichtiger ist, dass nun die beiden bis zu diesem Punkt nur leitmotivisch verknüpften Handlungsfäden der beiden "boys" direkt zusammengeführt werden. Da Fiona sich nicht gut fühlt, hat Suzie versprochen, Marcus mit auf das Picknick zu nehmen. Dessen Reaktion zeigt, dass er Will sofort durchschaut hat und zunächst nur Verachtung für ihn empfindet: "Mum's friend Suzie was fine but now there was also that wally who wanted to get off with her."

Auf dem Weg durch den Park wird Will sogleich in Verlegenheit gebracht, da Suzie nach seinem Beruf fragt. Da er fürchtet, den Überblick über seine Schwindeleien zu verlieren, verrät er widerwillig die Wahrheit: Er lebt von den Tantiemen seines Vaters, der den Weihnachtshit "Santa's Super Sleigh" schrieb. Als Suzie und Marcus das Lied anstimmen, wird Wills gespaltenes Verhältnis zu seinem Vater deutlich, denn ihm ist die Szene sehr unangenehm. Er lebt vom Geld seines Vaters, verdankt ihm jenes sorgenfreie Leben, das er sich unbedingt bewahren will – und hat doch ein Problem damit. Erdrückt ihn der Erfolg eines übermächtigen Vaters ? Fehlt ihm der Vater ? Scheut Will davor zurück, selbst eine Familie zu gründen, weil er selbst nicht erfahren hat, wie eine Familie funktioniert ?

Das Picknick zeigt dann die nächste Parallele, indem Marcus schonungslos über seine Mutter spricht. Er hält sie für "nuts" und ihr selbst gebackenes Brot nicht für gut, sondern für "healthy" – ausgesprochen mit unmissverständlicher Verachtung. Zu Beginn der folgenden Szene sehen wir Marcus, der versucht, die Enten mit dem Brot seiner Mutter zu füttern, das offenbar nicht viel Zuspruch gefunden hat. Da er kaum einzelne Stücke herauslösen kann, wirft er schließlich den ganzen Laib ins Wasser – und trifft eine Ente. Es folgt ein Schnitt auf Will und Suzie im vertrauten Gespräch auf der Picknickdecke. Beinahe verrät sich Will: Als Suzie ihr Mitgefühl darüber ausdrückt, dass Will "ihn" bestimmt vermisse, weiß Will zunächst nicht, von wem sie spricht. Da taucht Marcus auf und macht sein Geständnis. Tatsächlich schwimmt die Ente kieloben, und es gibt prompt Probleme, da ein Parkwächter den Vorfall entdeckt hat. Doch nun ist Will in seinem Element; er rettet die Situation, indem er dem Parkwächter weismacht, dass Marcus die bereits tote Ente nur habe versenken wollen, weil Suzies kleine Tochter Megan den Anblick des toten Tiers nicht hätte ertragen können. Tatsächlich kauft ihm der Parkwächter die Geschichte ab.

Obwohl Wills Versuch zu einem "high five" mit Marcus fehlschlägt, kann man hier von einem ersten "bonding" zwischen den beiden sprechen, auch wenn es nur auf einer von Wills Schwindeleien basiert. Schwindeln kann er nun einmal am besten. Im Grunde ist es bisher das einzige, was er überhaupt kann.

Doch die Sequenz ist noch nicht zu Ende. Während Suzie und Will sich abwenden, hat Marcus eine Vision. Er hört die Stimme seiner Mutter, dreht sich verwundert um und sieht sie tatsächlich auf der anderen Seite des kleinen Sees stehen. Sie winkt ihm fröhlich zu – und ist im nächsten Moment wieder verschwunden. Marcus kann nicht verstehen, was er gesehen hat. Er ahnt nicht, dass er ein Zeichen dramatischer Ereignisse empfangen hat; dass sich seine Mutter gerade von ihm verabschiedet hat.

Als sie bei Marcus' Zuhause ankommen, entdecken sie Fiona, die einen Selbstmordversuch mit Tabletten unternommen hat. Noch bevor sie das Haus betreten, erläutert Marcus im Voice-Over die Bedeutung dieses Tages: "That day, the Dead Duck Day, was when it all began.

That bloke Will just followed us in, and I didn't tell him not to. [...] But then I put the key in the lock, opened the door... and a new part of my life started. Bang !"
Die folgende Fahrt zum Krankenhaus und die anschließenden Dialoge dort liefern weitere Belege für Wills fehlende Reife: "It was horrible. Horrible. But driving fast behind the ambulance was fantastic." (Gewiss fungiert sein Kommentar auch als *comic relief*). Während Suzie versucht, Marcus zu beruhigen und ihm zu erklären, dass ihn keine Schuld an der Handlung seiner Mutter treffe, kann Will nur hilflos stammeln; ihm ist überhaupt nicht klar, welche Auswirkungen dieses Ereignis auf den Jungen hat. Er hat mit solchen Situationen, die naturgemäß zum Leben gehören, keine Erfahrung, weil er gar keinen nahen Umgang mit Menschen pflegt. Logischerweise fühlt er sich unwohl. Sein einziger Versuch, Marcus zu helfen, als dieser seine Beunruhigung andeutet, schlägt fehl, weil er viel zu direkt ist: "You mean you're afraid she might try again ?" – "Just shut up, all right ?", erwidert Marcus.
Als die Krankenschwester schließlich erklärt, dass Fiona zur Sicherheit die Nacht im Krankenhaus verbringen müsse und Marcus doch sicher bei Suzie und Will bleiben könne (die sie offenbar für ein Paar hält), zementiert Will sein Image, indem er an Suzie gerichtet fragt: "So, my place or yours ?" Das ist natürlich nicht ernst gemeint, und doch gänzlich unpassend. Der schlimmste Fehler – aber im Grunde die entscheidende Handlung, die alle Veränderung zum Positiven ins Rollen bringt – folgt noch: Als er die Drei bei Suzies Zuhause ablädt, verabschiedet er sich von Marcus mit "See you soon." Und Marcus, wie man noch sehen wird, ist ein Junge, der nichts so schnell vergisst, und sei es eine Kleinigkeit.
Die Bedeutung dieser Szene ist hier noch nicht erkennbar, was auch daran liegt, dass Will die Verabschiedung (wiederum im Voice-Over) abwertend kommentiert. In seinen Worten zeigt sich die zu erwartende Abwehrreaktion: "All in all, this had been very interesting. But I wouldn't want to do it every night. The thing is, a person's life is like a TV show. I was the star of the 'Will Show'. And the 'Will Show' wasn't an ensemble drama. [...] It came down to me, and me alone. If Marcus' mum couldn't manage her own show, if her ratings were falling, it was sad, but that was her problem. Ultimately, the whole single-mum plot line was a bit complicated for me." Will erklärt die völlig neuen Erfahrungen dieses Tages mit Hilfe von Kategorien und Überzeugungen, die bisher sein Leben geprägt haben: Fernsehen, das Leben als Show, jeder ist sich selbst der Nächste und auch nur für sich selbst verantwortlich. Alles andere wäre ihm zu viel, neu, unbekannt, bedrohlich.
Doch dieser Eisberg wird bald brechen. Als Fiona am nächsten Morgen nach Hause kommt, bedankt sich Marcus bei ihr für den Abschiedsbrief, den er beim Aufräumen gefunden hat. Auf Fionas Frage, ob er den Teil gelesen habe, in dem sie ihn ihrer ewigen Liebe versichert, reagiert Marcus mit verständlichem Ärger und schonungsloser Logik: "It's a bit hard for you to love me when you're dead, isn't it ?" Sie versteht seinen Ärger, kann ihm seine größte Sorge, dass er nicht ständig auf sie aufpassen kann, aber nicht gänzlich nehmen. So kommt Marcus zu der Erkenntnis: "Suddenly I realized, two people isn't enough. You need a backup."

<u>Sequenz 5: Marcus Persuades Will (DVD chapters 8/9)</u>
Wir sehen Will wieder in seinem geliebt Single-Dasein, dessen Ablauf er erneut im Voice-Over erläutert. Sein Tag besteht aus halbstündigen Zeitabschnitten und Aktivitäten wie baden, 'Countdown' sehen, im Internet recherchieren, Sport treiben, zum Friseur gehen. Hierbei wird manches, was noch irgendwie nach ernstem Bemühen oder Anstrengung klingt, durch die Bilder durchweg als spaßorientiert entlarvt: Bei der Webrecherche geht es um "Supermodelswithseethroughtops", die sportliche Betätigung entpuppt sich als Billardspielen. Wer sich so ausgiebig freizeitmäßig beschäftigt, hätte für einen Beruf auch gar keine Zeit mehr: "I often wonder, to be absolutely honest, if I'd ever really have time for a job. How do people cram them in ?"
Beim Friseur erreicht ihn ein Anruf auf dem Handy – es ist Marcus. Dies ist sein erster Vorstoß in Wills Privatleben, der erste Versuch, dessen Eispanzer zu durchbrechen. Bei näherer

Betrachtung wird auch hier deutlich, dass die Komik des Films mit einem gehörigen Maß an Traurigkeit vermischt wird, da der Versuch des Hilfe suchenden Jungen, seine Mutter mit einem neuen Mann zu verkuppeln, von Beginn an zum Scheitern verurteilt ist.
Wills erster Reaktion auf den Anruf ist zu entnehmen, dass er Marcus eigentlich schon vergessen hat. Der Junge lässt sich allerdings nicht so leicht abwimmeln. Er argumentiert, Will habe schließlich bei der Verabschiedung (die nicht lange zurückliegen kann) "See you soon !" gesagt, was Marcus gekonnt zum eigenen Vorteil auslegt. Ohne weitere Umschweife fordert er Will zu einem Treffen am folgenden Samstag auf. Wills versuchte Ausrede, sein Leben sei momentan recht hektisch, lässt Marcus nicht gelten: "I thought you did nothing." Marcus erweist sich als so beharrlich, dass Will schließlich ins Zweifeln gerät; allerdings denkt er nicht daran, dass er dem Jungen einen großen Gefallen täte, sondern ist nach wie vor nur auf den eigenen Vorteil bedacht: "I could be Uncle Will. Cool Uncle Will, King of the Kids." Kaum hat er zugesagt, lässt Marcus die Katze aus dem Sack und bringt seine Mutter ins Spiel, die Will ebenfalls einladen soll. Es wird deutlich, dass Marcus zwar in der Schule wie ein "loser" wirkt, aber durchaus eine starke Persönlichkeit hat. Er weiß, was er will, und wenn ihm etwas wichtig ist, versucht er es auch durchzusetzen.
Natürlich ist klar, dass die Verbindung, die Marcus zwischen seiner Mutter und Will stiften will, nie zustande kommen wird. Hier findet sich wieder das Tragikomische: Das Kind handelt aus seiner traurigen Lebenssituation heraus und schafft dabei eine absurd-komische Situation. So sitzen die Drei schließlich in einem unterkühlt wirkenden Restaurant, das zu Wills Stammlokalen gehören muss, in dem Fiona und Marcus aber wie Fremdkörper wirken. So verläuft denn auch das Gespräch eher verkrampft. Während Marcus ernsthaft in innerem Monolog (Voice-Over) anmerkt, dass seine Mutter auf ihre "Witze" verzichten sollte, wenn sie Will heiraten wolle, ist für Will die Absurdität der Situation ganz offensichtlich. Die Wahrnehmungen der beiden stehen sich somit diametral gegenüber. Marcus freut sich über das gute Aussehen seiner Mutter: "I had her put on that nice hairy jumper and those earrings she got from her friend that went to Zimbabwe." Wills vernichtender Kommentar dazu: "The kid seemed to think this was some kind of date. As for his mum, she was clearly insane and appeared to be wearing some kind of Yeti costume." Will signalisiert auch alles andere als Anpassungsfähigkeit; als Marcus verkündet, dass er und seine Mutter Vegetarier seien, ordert Will ungerührt ein "steak sandwich".
Wie fremd die Welt ist, in die Will sich begeben hat, zeigt auch die folgende Szene in Marcus' Zuhause. Fiona spielt Klavier und singt "Killing me softly", Marcus stimmt mit ein, was Wills Beherrschung an ihre Grenzen bringt: "I must have been insane. All I'd wanted was a date with Suzie. This was my punishment. The worst part was when they closed their eyes." Natürlich lehnt er Marcus' Einladung, doch mitzusingen, höflich ab und sucht das Weite.
Für Will war dieser Besuch ein Akt von "charity", und darin war er eben noch nie gut. Man nimmt ihm das nicht übel, denn es ist durchaus komisch anzusehen, wie er (im Flashback) die Schlange zum "soup kitchen" ansteuert, um dort auszuhelfen, und im letzten Moment doch wieder abschwenkt. Sogar bei Amnesty International hat Will schon mitgemacht, doch während seine Kollegen versuchen, die Einhaltung der Menschenrechte in Burma zu sichern, nutzt Will die Gelegenheit zum Flirten.
Will geht weiter seinen eigenen Weg, zumindest glaubt er das. Sich um andere zu kümmern, ist nicht sein Ding, er hält es grundsätzlich für zwecklos, weil Menschen eben Inseln seien: "You have to mean things to help people. Fiona meant 'Killing Me Softly' [...], and look where she ended up. Me, I didn't mean anything, about anything, to anyone. And I knew that guaranteed me a long, depression-free life."
Doch Marcus ist ihm dicht auf den Fersen, beobachtet ihn. Wills Gefühl, dass ihm etwas im Nacken sitze, täuscht ihn nicht. Plötzlich steht Marcus vor seiner Tür: "I've been watching you, and you don't have a kid." Nun steht Will als Lügner da, und Marcus wittert seine Chance: "Can I come in ?" Er sucht einfach Gesellschaft und einen Ort, an dem er sich wohl fühlen

kann und nicht an seine Mutter denken muss. Er bietet Will sogar einen Handel an: "I won't tell anyone you don't have a kid if you go out with my mum." Dass Will gelogen hat, findet er nicht so schlimm; viel wichtiger ist für ihn, seiner Mutter einen Freund zu besorgen, damit sie wieder glücklich ist. Wills Ablehnung versteht er nicht. Zwar schafft Will es diesmal noch, ihn wieder los zu werden, aber Marcus droht: "But I'll be back." (Ein bekanntes Zitat aus James Camerons "Terminator"-Filmen.)

Tatsächlich, so gibt Will zu, macht ihm diese Ankündigung Angst. Er sieht, dass dieser Junge im Begriff ist, die Wälle seiner Festung niederzureißen. Nicht zu Unrecht, wie die folgende Szene zeigt: Marcus klingelt einfach so lange, bis Will es nicht mehr aushält und ihm die Tür öffnet. Nachdem sie "Countdown" angesehen haben, besiegelt ein Handschlag nachträglich den Deal. Von nun an sehen die beiden nachmittags zusammen fern, zwei Jungen eben. Der Große hat ein bisschen Gesellschaft, ohne sich emotional engagieren zu müssen, der Kleine hat für ein paar Stunden Ablenkung und Frieden.

Es folgt ein kurzes Gespräch zwischen Marcus und seiner Mutter, in dem sich andeutet, dass Marcus auf dem Weg zu selbstständigem, kritischem Denken ist. Tatsächlich steht die erste Andeutung von Rebellion hinter seiner Frage, ob sie ihn denn überhaupt gefragt habe, ob er Vegetarier sein wolle oder nicht. Ihre Antwort macht die Bevormundung deutlich. Sie hat ihn zum Vegetarier bestimmt, und außerdem: "I do the cooking and I don't want to cook meat. So you have to eat what I eat." Ihre kumpelhafte Gestik kann nicht überspielen, dass sie im Grunde autoritär ist. Ihr Zugeständnis, sie könne ihn zwar nicht davon abhalten, zu McDonald's zu gehen, wäre aber enttäuscht darüber, macht die Sache keineswegs besser: Statt ihm ihren Standpunkt argumentativ zu vermitteln und ihm dann die freie Wahl zu lassen, übt sie auf emotionaler Ebene Druck aus. Dabei sei ihr zugestanden, dass sie offensichtlich gestresst und nervlich noch lange nicht wieder hergestellt ist. Natürlich verzichtet Marcus auf eine weitere Diskussion und lenkt ein. Good boy.

Bei der nächsten Fernsehsitzung mit Will beginnt dieser, "serious questions" zu stellen, allerdings wohl nur der Form halber, wie Marcus im Voice-Over erläutert. Natürlich ist Will nicht ernstlich um ein tiefgehendes Gespräch bemüht, dazu wäre er auch gar nicht in der Lage. Doch immerhin fragt er sich offenbar, wie sehr Marcus die Situation seiner Mutter als Belastung empfindet: "Does it still bother you, then ?" Marcus wiederholt die Frage, und in der dadurch entstehenden Verzögerung der Antwort wird diese durch einen plötzlichen Flashback vorweggenommen: Es wiederholt sich die Szene, in der sie Fiona in der Wohnung vorfinden. Und Marcus gibt zu, allerdings nur im Stillen: "Every single day. That's why I come here instead of going home." Will gegenüber erklärt er lediglich: "A bit. When I think about it."

Wills anschließender Fluch wirkt als Antwort deplatziert, wie der Kommentar eines Zwölfjährigen. Doch das ist genau die Sprache, die Marcus versteht, weshalb er sich gleich besser fühlt: "It made me feel like I wasn't being pathetic to get so scared." Will hat ihm auf seine jugendliche Weise signalisiert, dass Marcus' Ängste völlig in Ordnung sind. Erstaunlich ist dabei, dass Will erkannt hat, dass Marcus noch immer unter der Situation leidet, obwohl er es gar nicht offen zugegeben hat. Zu Beginn der folgenden Szene erweist sich dieser Eindruck als richtig. Will geht durch den Supermarkt und stellt im inneren Monolog fest, dass Marcus eindeutig Probleme hat, glaubt aber, ihm nicht helfen zu können: "I wouldn't make the mistake of asking about Fiona again. Marcus was clearly really screwed up about it and unfortunately I couldn't think of anything that could be of the smallest value. Next time, he could talk to Suzie, or a counselor, or anybody capable of something more than an obscenity." Natürlich hat er insofern Recht, als Marcus mehr bräuchte als einen Fluch. Aber für den Moment ist es das Bessere als ein Gespräch mit Suzie oder einer Therapeutin, die eher Fiona helfen sollten. Will spürt die eigene Unsicherheit, würde vielleicht helfen, kann aber noch nicht. Über all die Jahre hat er eine so starke Festung angelegt, dass er nun nicht so aus dieser einfach herausfindet.

Allerdings scheinen die Bollwerke, die Will um sich errichtet hat, schon aufzuweichen. Im Supermarkt hört er "Santa's Super Sleigh", den Song, den sein Vater schrieb und der Will sein bequemes Leben beschert hat. Es ist erst der 19. November, und Will ärgert sich, den Song schon so weit vor Weihnachten zu hören (obwohl er dadurch sein Geld verdient). Und im selben Moment hat er eine Vision seines Vaters, der plötzlich an einem der Supermarktregale steht und sogleich wieder verschwunden ist. In diesem Fall bleibt ein Kommentar aus; es ist Will lediglich anzusehen, wie sehr ihn die Erscheinung verwirrt. Diese Vision bildet eine Parallele zu Marcus' Vision von Fiona. Hat Wills Vater ihm doch mehr bedeutet, als er zugeben möchte ? Erscheint auch ihm eine Person, die sich zu früh aus seinem Leben verabschiedet hat oder ihm nicht das geben konnte, was er als Sohn gebraucht hätte ? Wichtiger ist wohl, dass Will sich durch Marcus an seinen eigenen Schmerz erinnert fühlt – und ihm so vielleicht klar wird, wie es dem Jungen geht. Dabei macht es in Will nicht einfach "klick", so simpel ist die Lösung nicht. Beide haben noch einen langen, schwierigen Weg vor sich.
Die Supermarktszene geht direkt in eine weitere "Fernsehsitzung" in Wills Appartement über. Marcus fragt ihn, wie denn sein Vater gewesen sein, woraufhin Will eine weitere mögliche Erklärung für sein eigenes gespaltenes Verhältnis zum Vater andeutet: Dieser sei ein eher trauriger Mensch gewesen, weil er nach dem großen Erfolg mit einem "crap song" sein Leben lang versucht habe, einen besseren Song zu schreiben – offensichtlich ohne Erfolg. Es ist wohl nicht so, dass Will bloß "Santa's Super Sleigh" nicht mag. Er mag nicht, was dieser Hit aus seinem Vater gemacht hat. Leider erfahren wir hierüber nicht mehr; auch nicht, ob Will spürt oder sich sogar bewusst macht, dass dieser Erfolg nicht nur seinem Vater, sondern auch ihm selbst eher geschadet hat. Auf jeden Fall will er nicht in die Fußstapfen des Vaters treten, wie Marcus herausfindet, als er fragt, ob Will auch Songs schreiben wolle und deshalb eine Gitarre habe. Völlig nüchtern folgert Marcus: "So that's just there to look cool." Ob er Recht hat ?
Damit der Ton des Films nicht zu ernst wird, äußert Marcus noch, dass er "Santa's Super Sleigh" eigentlich gerne möge, woraufhin er das Lied zu summen beginnt und Will ihn mit der Fernbedienung "abschaltet".

<u>Sequenz 6: Will Gets Involved (DVD chapters 10/11)</u>
Da dieser Ohrwurm Marcus nicht aus dem Kopf geht und er ohnehin gerne vor sich hin singt, wird er in der Schule wieder einmal zur Zielscheibe der Bullies. Er flüchtet zu Will, der die Verfolger vertreibt und sich darüber aufregt, dass Marcus es einfach hinnimmt, mit Süßigkeiten beworfen zu werden. Als Marcus zugibt, wegen seines Äußeren und seines Singens ständig gehänselt zu werden, empfiehlt Will ihm, sich unauffälliger zu verhalten. Nachdem Marcus ihm verdeutlicht hat, dass das nicht so einfach sei (weil Marcus nicht aus seiner bisherigen Rolle ausbrechen kann und noch zu sehr unter dem Einfluss seiner Mutter steht), tut Will den ersten aktiven Schritt zu Marcus' Hilfe: "I can't make you invisible, but I can make you blend in with the crowd."
Also gehen sie los, um Marcus ein Paar modische Turnschuhe zu kaufen. Dabei stoßen erneut zwei Welten aufeinander, denn Marcus weiß offensichtlich nicht einmal, was Klettverschlüsse sind. Noch interessanter ist der Kommentar einer Verkäuferin: "Pretty trendy, your old man, isn't he ?" Will muss sich daraufhin im Spiegel betrachten, und das Entsetzen über den Gedanken, dass ihn jemand für Marcus' Vater halten kann, steht ihm deutlich ins Gesicht geschrieben. Diese Bemerkung ist zugleich eine Vorausdeutung auf die weitere Handlung, in der Will tatsächlich in die Rolle von Marcus' Vater schlüpfen wird.
Die kurze Szene markiert auch den nächsten Schritt in Wills Entwicklung, indem er Marcus geholfen hat, ohne dabei einen Hintergedanken gehabt zu haben. Es ist seine erste altruistische Handlung, und sie gibt ihm ein gutes, neues Gefühl: "I was suddenly hit by an extraordinary rush of well-being. [...] I had made an unhappy boy temporarily happy. And there wasn't anything in it for me it all. I didn't even want to shag his mum."

Marcus' Glück dauert allerdings nicht lange. Die nächste Szene zeigt ihn vor der eigenen Haustür, im strömenden Regen, auf Socken. Es ist gekommen, wie es kommen musste: Die Rabauken aus der Schule haben ihm die coolen neuen Turnschuhe gestohlen. Da Fiona nicht verstehen kann, wieso jemand Marcus' abgetragenen Schuhe stehlen wollte, erzählt Marcus (der im Gegensatz zu Will nicht lügen will) seiner Mutter die Wahrheit. Die Szene ist nicht ohne Komik, da Marcus schon antizipiert, dass jede kleine Information, die er preisgibt, zu weiteren Fragen und weiterer Aufregung führen wird: "She kept repeating the last thing I said. Except she shouted it." Und so tritt schließlich, in steigender Lautstärke, die ganze Wahrheit zutage: "He's sort of become your friend ?" – "You go round his place after school ??" – "He doesn't really have a kid ???"
Nun steckt Will in Schwierigkeiten, obwohl er gar nichts verbrochen hat, nur ein bisschen naiv war. Er sitzt mit Christine (die ihn zu Beginn zum Patenonkel ihrer neugeborenen Tochter machen wollte) in einem schicken Restaurant. Sie hat es noch nicht aufgegeben, aus ihm einen Menschen zu machen, weshalb sie ihm vor Augen führt: "You will end up childless and alone." Für Will ist das keine Abschreckung, sondern eine Verheißung: "Both fingers crossed, yeah." Dass er nichts in seinem Leben hat, das ihn "afloat" hält, scheint ihn noch immer nicht zu stören.
Da taucht Fiona auf und stellt ihn zur Rede. Will war davon ausgegangen, dass sie von Marcus' Besuchen wusste, und ist ehrlich überrascht. Aber es kommt noch schlimmer, denn Fiona verdächtigt ihn der Pädophilie; zwar spricht sie dies nicht konkret aus, doch die Reaktionen Christines und der Kellnerin belegen, dass alle das gleiche mit Fionas Vorwurf assoziieren: "I'm simply asking you why you entertain twelve-years-olds in your flat." Will geht jedoch zum Gegenangriff über und wirft ihr vor, keine Ahnung zu haben, was ihr Sohn täglich in der Schule durchmache. Seine Wut zeigt sich deutlich in seinem Ausbruch "you daft, fucking hippie". Ein Wort gibt das andere, Will zeigt zum ersten Mal echte Emotion, doch Marcus stellt zu seiner eigenen Überraschung fest: "It was strange. Will had it right, and Mum didn't. It was supposed to be the other way around." Schließlich unterbricht er den Streit, gerade als Will Fiona ihren Selbstmordversuch vorwerfen will, mit dem Ausruf "Cowabunga", der nichts weiter ausdrückt als seine Frustration und seine Angst vor diesem Thema. Der Streit ebbt ab, und Will schießt, selbst frustriert, über das Ziel hinaus: "I will not open the door to Marcus again, okay ? I'll be glad to be rid of the pair of you, frankly."
Das hat Marcus wiederum nicht verdient, weshalb Fiona zu Wills Überraschung nicht den Rückzug antritt, sondern sich mit an den Tisch setzt. Sie macht Will klar, dass er sich nun nicht mehr so einfach aus der Verantwortung stehlen könne: "You're a selfish bastard." Als Christine ihr zustimmt und bestätigt, dass Will immer zuerst an sich selber denkt, reagiert dieser mit der an sich unbestechlichen, aber doch begrenzten Logik eines Kindes: "But I'm on my own. It's just me. I'm not putting myself first because there's nobody else." Fiona beweist ihm das Gegenteil, auch wenn er es nicht hören will: "There's Marcus. You're involved now. [...] You can't just shut him out, you can't shut life out. No man is an island." Diesen Angriff auf seine Lebensphilosophie kann Will wiederum nicht hinnehmen, also verteidigt er sie trotzig: "I'm a bloody island, I'm bloody Ibiza !" Warum versteht ihn bloß niemand ?
Da die Erwachsenen offenbar nicht weiterkommen, nimmt Marcus die Dinge selbst in die Hand und lädt Will zum Weihnachtsessen ein.

<u>Sequenz 7: Will Enjoys Christmas (DVD chapter 12)</u>
Natürlich ist Ablehnung Wills erste Reaktion. Er schwimmt lieber gegen den Strom und feiert Weihnachten alleine, um Videos zu schauen und sich mit Alkohol und Drogen zu betäuben. Zu dumm, dass er beim Einkaufen im Videogeschäft schon wieder "Santa's Super Sleigh" hören muss. Tragikomisch ist sein Weihnachtsvideo, "Bride of Frankenstein". Der Doktor spricht ihm aus der Seele: "Before you came, I was all alone. It is bad to be alone."

Aus welchem Grund auch immer, Will überlegt es sich anders und nimmt Marcus' Einladung doch an. Die Situation bei den Brewers ist freilich recht bizarr: Marcus' Vater ist zu Besuch, und er hat seine Freundin Lindsey und deren Mutter mitgebracht. Lustig ist, dass alle außer Will wirken, als wären sie nicht ganz von dieser Welt. Marcus bekommt von seinem Vater ein Paar Wollsocken, von seiner Mutter ein Tamburin. Sie meint, er könne damit vielleicht beim Schulkonzert auftreten und eine Popgruppe zusammen bekommen. Angesagt oder nicht, sein Singen bedeutet ihr viel: "When you sing, it brings sunshine and happiness into my heart." Ihr geschiedener Mann und seine Freundin verdrehen die Augen.
Zeitgemäßer (und natürlich finanziell aufwendiger) sind Wills Geschenke: eine CD von Mystikal und ein tragbarer CD-Spieler. Bezeichnend für den weltfremden Lebensstil der Familie ist auch hier, dass Marcus zunächst gar nicht weiß, was er mit der CD anfangen soll. Da Fiona Mystikal nicht kennt, fragt sie nach, was das denn für eine Art Musik sei. Will versucht zunächst, es als "world music" zu verkaufen; als Marcus jedoch den Titel laut vorliest ("Shake Ya Ass"), präzisiert Will: "Slash rap type thing." Lindseys Mutter hat auch etwas mitbekommen: "Shake Ya Ass. Is he Moroccan ?"
Marcus revangiert sich bei Will mit einem "Single Parents Handbook", woraufhin dieser zugeben muss, dass der Witz wirklich gelungen ist. In diesem Moment platzt Suzie verspätet herein. Als sie Will entdeckt, kommt es zu einer peinlichen Szene, in der Will allerdings beweist, dass er wirklich "cool" ist und sich nicht so leicht provozieren lässt. Suzie ist wütend auf ihn; sie fragt schonungslos, wo er denn Ned gelassen habe, und als Will seinen Rückzug anbietet, schlägt sie vor: "You could go pose as Santa, try and shag some carol singers." Das ist nun wirklich böse, aber sie erhält von Fiona Rückendeckung, die Suzie jedes Recht zugesteht, ihren Ärger auszudrücken. Will bleibt passiv, erwidert lediglich: "Yes, and she's expressed it, and now I have a right to bugger off." Als Will tatsächlich gehen will, protestiert Marcus und ergreift für Will Partei, der zwar ein Kind erfunden habe, was aber im Vergleich zu dem, was die Kinder täglich in der Schule anstellten, gar nicht so schlimm sei. Fiona hat mit ihrem Hinweis, dass Will eben kein Schuljunge mehr sei, natürlich Recht. Trotzdem wehrt sich Marcus, der Will besonders zu Gute hält, dass dieser wisse, was Kinder brauchen. Daraufhin fühlt sich Fiona in ihrer Mutterrolle angegriffen, weshalb sie Marcus erklärt, er könne doch mit ihr alles diskutieren. Genau das scheint jedoch ein wunder Punkt zu sein, wie Marcus lautstark feststellt: "No, we can't, because it's not really a discussion, it's an argument, and you always win. Why not just tell me what to do ?" – "Because I want you to think for yourself !" – "Okay, I'm thinking for myself, and I want Will to stay." (Fionas übergroßer Einfluss wird auch am Ende des Films noch einmal thematisiert, als Will und Fiona zum Schulkonzert fahren).
Marcus beginnt sich durchzusetzen, und er wehrt sich da, wo er den größten Druck verspürt. Die Raufbolde in der Schule sind ihm egal, aber seine Mutter ist ihm nicht egal, auch wenn (oder gerade weil) er mit ihr nicht im Reinen ist. Der Streit droht zu eskalieren, als Marcus sie an ihren eigenen Fehler erinnern und auf den Selbstmordversuch ansprechen will: "Remember how we met, though, remember why ? Because you–" Doch in diesem Moment kommt es zu einer Umkehrung der Restaurantszene; diesmal ist es Will, der die Situation rettet: "It was because you threw a bloody great loaf of bread at a duck's head and killed it, basically." Da können sich die Frauen nicht mehr ernst halten, wodurch sich der Fokus des Films wieder auf die Komik verschiebt (zumal Lindseys Mutter noch nachfragt, ob es tatsächlich Ente zum Essen gebe).
Natürlich gibt es keine Ente, sondern ein vegetarisches Essen. Nichtsdestotrotz ergreift Will ein ungeahntes Gefühl, welches er natürlich als seltsam empfindet, da diese Erfahrung unter Menschen neu für ihn ist: "I was enjoying myself." Als Kind mochte er Weihnachten nicht, da er vor angetrunkenen Verwandten "Santa's Super Sleigh" singen musste (auf Geheiß der Mutter, die damit, wie er glaubt, den Vater ärgern wollte). Doch dieses Weihnachtsfest fühlt sich

anders an, und dieses neue Gefühl der Gemeinsamkeit macht Will für die weiteren Veränderungen verantwortlich.

Sequenz 8: Two Boys Get A Crush (DVD chapters 13/14)
Die folgenden Ereignisse, die Will als "strange" bezeichnet, markieren wichtige Schritte in der Entwicklung beider Hauptfiguren. Wie Will im Voice-Over berichtet, verliebt sich zuerst Marcus – ausgerechnet in Ellie, den Punk der Schule (vielleicht weil sie auch alles andere als angepasst ist). Als noch seltsamer empfindet Will, dass ihm das gleiche passiert. Am Silvesterabend verliebt er sich auf den ersten Blick in Rachel, aber es fällt ihm schwer, ihre Aufmerksamkeit zu fesseln, da er einfach nichts Interessantes zu bieten hat: "It was torture. For five minutes I realized what life would be like if I were, in any way, interesting. If I had anything to say for myself, if I did anything. But I didn't do anything. And in about 30 seconds she'd know, and she'd be gone like a shot." Als Rachel im Gespräch mit ihrem anderen Barnachbarn erwähnt, dass sich Rapmusik für sie immer gleich anhöre, bringt er Marcus ins Spiel: "I tell you what, I know a twelve-year-old who'd kill you for saying that." Verständlicherweise entsteht bei Rachel der Eindruck, dass Will von seinem Sohn spreche. Da sie selbst einen zwölfjährigen Sohn hat, kommt das Gespräch zwischen den beiden wieder in Gang. Will ist ein bisschen überrascht, als sie fragt: "What's yours called ?" Dies könnte man als Beleg dafür sehen, dass er Marcus ursprünglich nicht als seinen Sohn hinstellen wollte. Dennoch klärt er das Missverständnis nicht auf, fällt also spätestens ab diesem Moment wieder in seine alte Rolle als Schwindler zurück. Da helfen auch seine Beteuerungen im Voice-Over nichts: "It wasn't a lie. It was 100 percent her assumption." Immerhin schränkt er ein: "Well, 50 percent at the very least."
Im Voice-Over gibt Will durchaus zu, sich wieder ins "fantasyland" verirrt zu haben, rechtfertigt sich aber damit, dass es sich diesmal um eine ernste Situation gehandelt habe. Die Erfindung Neds für SPAT sei ein Spaß gewesen, aber Rachel habe ihn gezwungen, sich selbst zu verteidigen. Und wirklich, zwischen den beiden scheint sich etwas zu entwickeln. Als das neue Jahr beginnt, küssen sie sich, und die beiden "Söhne" sollen miteinander bekannt gemacht werden. Will erkennt, dass die Sache mit Rachel ernster ist als alles zuvor, und zieht daraus den Schluss, dass er in Schwierigkeiten steckt. Nun braucht er Marcus' Hilfe.
Der hat zunächst ganz andere Probleme: Ihm gefällt Mystikal so gut, dass er in der Schule wieder einmal laut singt, während gerade Ellie mit ihren Trabanten vor ihm hergeht. Als sie sein "Shake Ya Ass" hört, droht sie ihm Schläge an, findet Marcus mit seinen schrulligen Erklärungen dann aber offenbar ganz witzig. Sie ist überrascht, dass er Rap mag, woraufhin Marcus ausführt: "It's by black people, mostly. They're pretty angry most of the time. But sometimes they just want to have sex." Auch wenn sie ihm noch nicht die Hand geben will, hat er sie sich zumindest nicht zum Feind gemacht, im Gegenteil. Das augenscheinlich schlimmste Mädchen der Schule, selbst der Protest in Person, respektiert seine Andersartigkeit.
In der nächsten Szene vertauschen sich die Rollen, indem Will bei Marcus klingelt und ihn um Hilfe bittet. Die Situation bedarf allerdings einiger Erklärungen, denn Marcus ist kein Junge, der die Dinge so einfach hinnimmt. Er versteht nicht, warum es nicht einfacher wäre, Rachel die Wahrheit zu sagen. Doch noch beharrt Will auf seiner Strategie: "Here's my last scrap of dignity, enjoy it: I want to go out with her. Okay ? I'd like her to be my girlfriend. There, I've said it." Tatsächlich erfasst Marcus erst jetzt die Situation und fragt Will, warum er das nicht gleich gesagt habe. Dieser gibt zu, dass ihm die Angelegenheit ein wenig peinlich und die Situation neu für ihn sei. Man mag es kaum glauben, aber offenbar war er vorher wirklich noch nicht richtig verliebt.
Will bekommt allerdings nicht die Chance, viel über Rachel zu berichten, da Marcus von Ellie zu erzählen beginnt. Er ist nicht sicher, ob Ellie nur seine Freundin oder wirklich "girlfriend" sein soll. Wills Antwort zeigt, dass er Beziehungen bisher auf die Ebene der Sexualität redu-

ziert hat: "Do you want to touch her ?" – "Is that so important ?" – "Yeah, you've heard about sex, right ? It is kind of a big deal." Das weiß Marcus wohl, aber er meint, da müsse doch noch mehr sein. Er möchte mit Ellie zusammen sein, sich ihr anvertrauen, dass sie keinen anderen Freund hat; wenn er das haben könne, müsse er sie nicht unbedingt anfassen. Zwar hat Will Recht, wenn er sagt, dass Marcus noch dazulernen und irgendwann anders empfinden werde. Doch beginnt er selbst etwas Wichtiges zu begreifen: dass es mehr gibt als die körperliche Dimension der Liebe.

Der Besuch bei Rachel und ihrem Sohn Ali ist für Will etwas Besonderes, er ist aufgeregt, hat feuchte Hände. Die Erfahrung ist wirklich völlig neu für ihn. Erste Spannungen treten auf, als Ali ins Spiel kommt, der sehr reserviert wirkt. Die Jungen sollen sich in Alis Zimmer unterhalten, und als Marcus zustimmt, überkommt Will zum ersten Mal ein Gefühl der Liebe: "For a moment, I loved him. Really loved him." Doch sobald Marcus und Ali allein sind, zeigt dieser sein wahres Gesicht: Marcus soll dafür sorgen, dass er und sein Vater (Will) hier nie wieder auftauchen, oder er wird Marcus töten. Marcus nimmt das hin, meint aber, dass er wohl nicht viel daran ändern könne, zumal Rachel Will offensichtlich sehr gern habe. Daraufhin explodiert Ali: "She's not keen on him ! She's only keen on me !" Damit ist klar, dass sein Benehmen nichts mit Will oder Marcus zu tun hat, sondern auf reiner, allerdings verständlicher Eifersucht basiert.

Währenddessen unterhält sich Will unten mit Rachel und bewundert sie im Stillen. Als sie Ähnlichkeiten zwischen ihm und Marcus zu entdecken glaubt, verpasst er die Chance, das Missverständnis aufzuklären. Alles, was ihm einfällt, ist: "I don't think I dress like Marcus, really." Doch der Moment ist vorbei, da Marcus plötzlich das Haus verlässt. Nur widerwillig lässt er sich von Will zurückholen, denn er hält Ali für einen Verrückten. Wie sich im anschließenden Gespräch herausstellt, haben Rachel und Ali mit deren letztem Freund schlechte Erfahrungen gemacht (Ali nennt ihn einen Lügner, und Rachel gibt ihm indirekt Recht). Ali muss sich bei Marcus entschuldigen, und als Marcus ausplappert, dass Will Rachel wirklich gern hat, lösen sich die Spannungen. Das eigentliche Problem ist damit freilich noch nicht vom Tisch, doch ahnt Rachel bis zu diesem Zeitpunkt gar nicht, dass es ein Problem gibt.

<u>Sequenz 9: Will's Depression (DVD chapters 15/16)</u>

Die folgende Sequenz beginnt mit Marcus und Ellie, die sich von Marcus nicht genervt fühlt, sondern ihn offenbar ganz gern hat. Beim abendlichen Billardspielen rät Will Marcus allerdings aufzupassen: "It just looks a bit more like owner and pet than boyfriend and girlfriend." Marcus kontert, dass er zumindest ehrlich sei. Er versteht nicht, wie Will mit Rachel zusammen kommen will, wenn er ihr nicht die Wahrheit sagt. Will tut, als verstünde er Marcus nicht, aber am Abend kommen ihm tatsächlich Zweifel: "Yes, I wanted to touch Rachel. But at this moment, if I had the choice, I'd settle for the less and the more that Marcus wanted. Jesus, was I turning into Marcus ?" Was hier überspitzt formuliert wird, bezeichnet in Wahrheit seinen Wandel vom notorischen (Selbst-)Betrüger zum gereiften Erwachsenen, für den der offene, sensible Umgang mit den eigenen Gefühlen und denen seiner Mitmenschen im Moment jedoch noch Neuland ist.

Es folgt eine gewisse Parallele zu Marcus' Offenbarung gegenüber seiner Mutter, dass er sich mit Will treffe (Sequenz 6): Will hat sich nun entschlossen, Rachel die Wahrheit über Marcus zu verraten, und sein Geständnis führt zu weiteren Fragen. Zwei Probleme verhindern eine Lösung des Konflikts: Will schafft es nicht, ihr von vornherein die *volle* Wahrheit zu sagen, und gesteht lediglich, dass er nicht Marcus' "natural father" sei. Als trotz all seiner Ablenkungsversuche herauskommt, dass Will auch nicht Marcus' Stiefvater ist, also in gar keinem väterlichen Verhältnis zu ihm steht, gibt er Rachel die Schuld: "Look, I never said he was my son. Did I ? The words 'I have a son called Marcus' never escaped my lips. It's what you chose to believe." Natürlich entlarvt sie diesen Vorwurf sofort mit scharfer Ironie: "Yeah, right. It's me that's the fantasist." Damit ist Will der Spiegel vorgehalten, und er schafft es nicht, seine volle Schuld anzuerkennen und sich zu entschuldigen. Somit gelangt Rachel zu einem weiteren, vernichtenden Urteil: "The first time I met you I thought you were a bit blank. Then you changed my mind. But maybe I was right." Noch einmal setzt Will an, und es hat kurz den Anschein, als könne er sich doch zu einer Erklärung aufraffen. Doch dann fällt er in sich zusammen, stammelt zwar eine kurze Entschuldigung, kann sich Rachel gegenüber aber nicht öffnen. Stattdessen tritt er den Rückzug an und lässt sie sitzen.

Die folgenden Bilder zeigen Will in seinem Appartement, in sich zusammengesunken, während Marcus seine neue Anerkennung in der Schule genießt, die allerdings lediglich auf seiner Freundschaft mit Ellie beruht. Es sieht immerhin so aus, als sei der kleine Junge auf seinem Weg aus dem Schlamassel schon ein Stück weiter gekommen als der große. Doch die nächste Szene, in der Marcus von der Schule nach Hause kommt, zeigt deutlich, dass längst nicht alle Schwierigkeiten überwunden sind. Fiona ist wieder depressiv, weint am hellichten Tag ohne erkennbaren Grund. Marcus weiß nicht, wie er ihr helfen soll, bis er ein Plakat für das bevorstehende Schul-Rockkonzert sieht und sich daran erinnert, dass sein Singen Fiona glücklich macht. Er erzählt Ellie von seiner Idee, auf dem Konzert aufzutreten, und bittet sie, ihn zu begleiten. Ihre Antwort ist klar: "It's suicide. I mean, like, they'll crucify you."

Da von hier keine Hilfe kommt, wendet er sich an Will, der immer noch deprimiert auf seinem Sofa sitzt und ins Leere starrt. Als Marcus hereinkommt, wirkt Will abwesend, hört kaum zu. Marcus versucht ihm zu verdeutlichen, dass er wegen seiner Mutter sehr beunruhigt ist, da deren Depression wieder so schlimm zu werden droht wie vor ihrem Selbstmordversuch am "Dead Duck Day". Will gibt vor, beschäftigt zu sein, doch als Marcus insistiert, wir er deutlicher. Er glaubt nicht, dass er helfen kann, weil er mit Fiona nichts zu tun habe: "Who am I to her ? I'm nobody." Das Problem ist, dass er ihr auch nichts bedeuten will, weil er selbst Angst vor Verletzungen hat. Tatsächlich ist er wütend auf Marcus und gibt ihm die Schuld an der Trennung von Rachel: "Who do you think you are ? You come here uninvited, you disrupt my life, you screw things up." Will möchte nichts mit Marcus' Problemen zu tun haben, was insofern verständlich ist, als er auch sein eigenes Leben noch nicht in den Griff bekommen hat. Deshalb macht er unmissverständlich klar, dass er in keinerlei verwandtschaftlichem Verhältnis zu Marcus steht: "I'm not your family, mate, I'm not." Damit glaubt er, auch keine Verantwortung übernehmen zu müssen, und kann wieder in Selbstmitleid versinken, statt sich zu ändern. Zweifellos hat er mit der Feststellung Recht, dass er bislang nur gute Turnschuhe und CDs aussuchen, aber nicht bei den wahren Dingen des Lebens helfen könne: "I can't help you with anything that means anything." Hierin liegt ja auch schon ein Stück Selbsterkenntnis. Was noch fehlt, ist der Entschluss, die Veränderung zum Besseren wirklich herbeizuführen. Wills Heldenreise (siehe Kapitel 5) ist noch nicht abgeschlossen, so dass Marcus enttäuscht und wütend abzieht, nicht ohne Will vorher die Meinung gesagt zu haben: "You don't give a shit about anybody, and nobody gives a shit about you."

Obwohl niemand ihm beistehen will, ist Marcus bereit, den Versuch zu wagen, um seiner Mutter zu helfen: "Mum had said that when I sang, it brought sunshine and happiness into her life. So I'd do it, even if it meant mine was over." Sein Wille zur Selbstaufgabe hat etwas Heldenhaftes und zugleich Naives; natürlich wird es mehr als seinen musikalischen Auftritt brauchen, um Fiona wieder glücklich zu machen, und er weiß auch nicht, was ihm wirklich auf der Bühne bevorsteht. Dennoch ist der Wille, die Veränderung herbeizuführen, eben der erste Schritt zur Veränderung. Auch wenn Fiona noch nicht in Freudentänze ausbricht, als Marcus ihr die Einladung zum Schulkonzert überreicht, huscht doch schon ein Lächeln über ihr Gesicht. Marcus selbst geht es dabei nicht gut, er fühlt sich allein gelassen, wie die folgende Szene verdeutlicht, die ihn isoliert auf dem Schulhof zeigt. Immerhin wird er nicht mehr geärgert. Wie wahr sind doch die Worte Wilhelm Buschs, und wie zynisch, wie traurig: "Wer einsam ist, der hat es gut, weil keiner da, der ihm was tut."

Sequenz 10: The Concert (DVD chapters 17;18)

Genau so geht es auch Will, der wieder im Voice-Over erklärt, wie ausgefüllt doch sein Leben sei – all die Zeitabschnitte, die beim Kaufen von CDs, Essen und Billardspielen vorübergehen. Die Leere seines Lebens hat er inzwischen erkannt: "All in all, I had a very full life. It's just that... it didn't mean anything." Als ob er ahnt, dass man erst ganz unten sein muss, um wieder auf die Füße zu kommen, gibt er sich in seiner Depression den Rest, legt die CD mit dem Hit seines Vaters auf, "Santa's Super Sleigh" erklingt, und er sinkt zu Boden.

Das ist nun nicht mehr "Mr Ibiza". Das ist ein kleiner Junge, der Hilfe braucht, der sich aber nur selbst helfen kann, indem er einem anderem Jungen hilft. Hier und jetzt erkennt Will, dass es nur eines in seinem Leben gibt, das ihm etwas bedeutet. Wie zur Antwort klingelt es an der Tür, doch es ist nicht Marcus, man hat ihm nur einen Streich gespielt. Aber nun, endlich mit der Entschlossenheit, sich zu verändern, ergreift Will die Initiative und fasst ein Ziel ins Auge: "Marcus. He was the only thing that meant something to me. And Fiona was the only thing that meant something to *him*. And she was about to fall off the edge." Er fährt zu ihrer Wohnung, aber es ist niemand zu Hause. Nachdem er den SPAT-Zettel in ihrem Fenster entdeckt hat, macht er sich auf den Weg dorthin und zeigt damit seinerseits Opferbereitschaft. Verständlicherweise hat er sich bei SPAT nicht mehr blicken lassen, seit die Freundschaft mit Suzie in die Brüche gegangen ist, aber all das ist ihm jetzt gleichgültig. Als er in die Runde hineinplatzt, wird er natürlich auf Ned angesprochen. Will gibt sofort zu, ihn erfunden zu haben, und nimmt auch die folgende Diagnose gelassen hin: "You made him up?" – "Yeah. To meet women." – "You're sick." – "Yeah." Wirklich wichtig ist ihm, mit Fiona zu sprechen, ganz privat. Da sie allerdings meint, im Kreis der Frauen nichts verheimlichen zu wollen, platzt er mit der Direktheit eines Kindes heraus: "Please don't try and commit suicide again."

Man kann ihm hier nicht einmal mangelnde Sensibilität vorwerfen, da Fionas "Offenheit" wohl eher eine Selbsttäuschung ist. Geradezu absurd wirkt ihr anschließender Vorwurf, der Selbstmordversuch sei ihre ganz private Erfahrung. Somit wird deutlich, dass auch sie noch viel lernen muss. Da der Film sich aber um die beiden männlichen Protagonisten dreht, bringt Wills Absicht, ihr und Marcus ohne Rücksicht auf sich selbst zu helfen, die entscheidende Wende. Zunächst versichert ihm Fiona, dass sie im Moment keine Selbstmordgedanken hege; zwar macht sie ihm klar, dass sich das Problem mit den Depressionen nicht so leicht beheben lässt, wie er denkt, doch erkennt sie seinen guten Willen: "Will, you're not useless. You're here. And that matters."

Als Will dann erfährt, dass Marcus auf dem Schulkonzert singen will (und noch dazu "Killing Me Softly"), rast er mit Fiona los. Auf dem Weg zur Schule öffnet er Fiona, die gar nicht verstehen will, warum Will sich so aufregt, die Augen: "He's gonna get torn to shreds." Fiona verteidigt sich: "You cannot stop someone from expressing themselves." Doch Will versetzt ihr den Knockout: "He's not expressing himself, he's expressing you, okay ?" Das ist natürlich das genaue Gegenteil von dem, was sie immer erreichen wollte, und dementsprechend groß ist ihr Schreck, als sie einsieht, dass Will Recht hat.

Hier zeigt sich in schöner Weise, dass die Veränderung des Einzelnen unweigerlich die Veränderung der Anderen voranbringt. Selbst wenn ich eine Insel bin: Werfe ich einen Stein ins Wasser, erreichen die Wellen auch den Strand der Inseln, die in meiner Nähe sind.

Fiona macht sich nun in ihrer eigenen Art Selbstvorwürfe, die Will jedoch schonungslos abwürgt. Jetzt geht es um Marcus, der gleich tun muss, was er hasst: vor vielen Leuten stehen. Als Will in die Aula stürmt, sieht er seine schlimmsten Befürchtungen bestätigt, denn hier tobt der Saal zu fetziger Musik und Breakdance. Im Publikum entdeckt er Rachel, deren Sohn Ali gerade auf der Bühne alle Aufmerksamkeit auf sich zieht; sie verdreht die Augen, scheint von Will genervt. Doch dieser eilt weiter, auf der Suche nach Marcus, was zeigt, dass es hier endlich einmal nicht mehr um Will und seine eigenen Interessen geht.

Marcus steht kurz vor seinem Auftritt und vor großen Problemen. Das Publikum lacht schon bei der Ansage des Titels, den er singen will, und den Jungen, der ihn auf der Blockflöte (!)

begleiten sollte, verlässt im letzten Moment das bisschen Mut, das sich Marcus mit fünf Pfund erkauft hatte. Will kommt hinzu und versucht Marcus von seinem Auftritt abzuhalten, doch Marcus besteht darauf, dass er mit seinem Lied seine Mutter glücklich machen müsse. Zum letzten Mal bringt Will seine alte Lebensphilosophie auf den Punkt: "Look, honest, mate, nothing you do can make your mum happy, all right ? I mean, not in the long term. She has to do that for herself. [...] What I'm saying is, the important thing is to make *yourself* feel happy." Das ist noch immer sein altes Motto: Every man is an island. Jeder lebt für sich allein, jeder genügt sich selbst, jeder ist sich selbst der Nächste. Aber nun erhält Will seine Lektion, als Marcus den entscheidenden Schritt zur Veränderung tut: "I've tried just making myself happy. She's tried making herself happy. But it doesn't work. You need other people to make you happy." Wills letzten Einwand, dass dies aber bedeute, dass die anderen Menschen einen dann auch unglücklich machen könnten, lässt Marcus unbeantwortet. Er bedarf auch keiner Antwort, denn erstens hat Marcus ja gerade die Absicht, seine Mutter glücklich zu machen, und zweitens – und das ist der entscheidende Punkt – kann nur derjenige, der das Wagnis eingeht, unglücklich zu werden, echtes Glück erfahren.
Als Marcus auf die Bühne geht, zeigt Wills Reaktion auf den sich öffnenden Vorhang, dass er selbst es mindestens genauso hassen würde, vor diese vielen Leute zu treten – eine Angst, die er bald überwinden muss, um seine eigene Veränderung zu vollziehen. Zunächst geht Marcus allein auf die Bühne und kündigt an, dieses Lied für seine Mutter zu singen, woraufhin er sofort Gelächter erntet. Er beginnt sein Lied, doch als im Refrain die Buhrufe immer lauter werden, verlässt ihn der Mut, und es hat den Anschein, als müsse er seinen Auftritt abbrechen. Da erklingt plötzlich der Rhythmus einer elektrischen Gitarre, und die Rettung naht: Es ist Will, der seine Angst vor der Menge überwindet, um Marcus endlich zu helfen. In diesem Moment rettet er Marcus und sich selber, auch wenn er, nachdem sie das Publikum sogar zu einem höflichen Mitklatschen animiert und den 1. Liedteil zu Ende gesungen haben, alleine weiter singt, neue Buhrufe aufbranden und ihm schließlich sogar ein Apfel an den Kopf fliegt. Will ist ein wenig über das Ziel hinausgeschossen, aber es tut ihm gut, sich auch einmal selbst zu vergessen, denn nur so kann er über sich hinauswachsen: "So there I was, killing them softly with my song. Or rather being killed. And not that softly, either. I was singing with my eyes closed. Was I frightened ? I was petrified. This was definitely not island living."
Auch wenn dies nicht sofort deutlich wird, bewirkt diese Erfahrung den entscheidenden Wandel: Will ist für einen anderen Menschen eingestanden, Marcus hat seine große Mutprobe bestanden, und auch Fiona hat sich verändert. Nach dem Konzert bedankt sie sich bei Marcus und gewährt ihm eine neue Freiheit, indem sie ihm ein Essen bei McDonald's anbietet. Da wird deutlich, dass Marcus sich tatsächlich seine eigenen Gedanken macht und auch danach handelt, denn er lehnt ab. Viel wichtiger ist aber Fionas zweite Botschaft: "Okay, another time. Any time. I'll be around a while, you know." Dieses Versprechen ist das ganze Glück, das dieser Junge braucht. Arm in Arm gehen sie nach Hause.

<u>Sequenz 11: Backup (DVD chapter 19)</u>
Und welches Glück braucht Will, der große Junge ? Zunächst scheint es, als brauche er immer noch nur sich selbst und sitze allein auf seiner Couch, vor dem bereits bekannten Frankenstein-Video. Diesen Ersteindruck unterstützt auch der Voice-Over-Kommentar: "By the following Christmas things were back to normal. Every man is an island. And I stand by that." Doch in diesem Moment kommt Rachel ins Bild, umarmt Will von hinten und küsst ihn. Also muss Will zugeben, dass er seine alte Lebensphilosophie doch nicht so ganz aufrecht erhalten konnte. Zwar will er die Idee, eine Insel zu sein, nicht völlig aufgeben, was ja auch ganz richtig ist; denn ein eigenes Stück Leben muss sich jeder bewahren. Aber er erweitert es auf interessante Weise: "But, clearly, some men are part of island chains. Below the surface of the ocean they're actually connected." Hier kommt er John Donnes ursprünglicher Idee von der Menschheit als Kontinent doch sehr nahe. Und wie zum Beweis erweitert sich während dieser

Erklärung die Einstellung, so dass Marcus und Ali ins Bild kommen, die neben Will auf der Couch sitzen. Wie Rachel sind auch sie "Inseln", mit denen Will sich jetzt offensichtlich verbunden fühlt. Das Frankenstein-Video ist der Beweis, dass Will seine Individualität nicht völlig aufgegeben hat; das wäre weder sinnvoll noch glaubwürdig gewesen.
Sogleich folgt der Beweis, dass hier neue Verbindungen entstehen, als Ali fragt: "So you're going to marry my mum then ?" Will tut so, als sei er noch unsicher, aber Ali scheint gar kein Problem mehr mit diesem Gedanken zu haben. Marcus nimmt kein Blatt vor den Mund und gibt zu, dass er Will einmal mit seiner Mutter verkuppeln wollte; aber da sei sie eben depressiv und er selbst verzweifelt gewesen. Jetzt ist Marcus ein echter Junge, integriert, locker, unbeschwert; er hat eine (leicht) veränderte Frisur, trägt trendige Kleidung und legt gelassen die Füße auf den Couchtisch, als Ellie zum Helfen auffordert (und sich dann Ali schnappt). Auch für Fiona ist gesorgt, da Will einen Kumpel aus der Zeit bei Amnesty International eingeladen, der sehr gut zu Fiona passt – auch hier ist also eine Perspektive gegeben.
Dass Marcus wirklich einen deutlichen Entwicklungsschritt gemacht hat, zeigt auch die abschließende Unterhaltung mit Will, der nachfragt, ob denn Ellie nun seine Freundin sei. Marcus antwortet lachend: "Are you insane ?" Auch in der Frage, welche Turnschuhe gerade "cool" sind, hat er Will offenbar abgehängt, und ganz nebenbei gesteht er ihm auch eine echte Chance mit Rachel zu: "By the way, I do think you and Rachel have a shot. I mean, if you don't screw it up."
Will kann nur noch hinnehmen, was er da geschaffen hat, und sein Vergleich mit Dr. Frankenstein, der sich ein Monster als Freund erschuf, ist natürlich nur positiver Ausdruck seines Staunens. So erkennt er auch, dass sie sich gegenseitig verändert haben, dass Marcus die entscheidende Kraft war, die aus ihm selbst einen wirklich erwachsenen, lebensfähigen Menschen gemacht hat: "I'd created a monster. Or maybe he created me." Sein vermeintlicher Ärger, auf den Marcus in seinem abschließenden Kommentar anspielt, ist nicht ernst zu nehmen. Denn schließlich ist Wills Begriff von der "Inselkette" nur eine alternative Annäherung an die Wahrheit, genauso wie Marcus' Idee, die dieser jetzt bestätigt findet: "I don't know what Will was so upset about. All I meant was I don't think couples are the future. You need more than that. You need backup. The way I saw it, Will and I both had backup now. It's like that thing he told me Jon Bon Jovi said: *No man is an island.*"
So schließt sich die Klammer, aber beide Bilder stehen nebeneinander als Formulierung einer Wahrheit, die in der Mitte liegt und letztlich von beiden Protagonisten verkörpert wird: Man kann sich nicht mit jedem und allem befreunden, braucht ein eigenes Selbst als Basis – aber man kann auch nicht bloß eine Insel sein. Niemand lebt nur für sich.

3.4 Zentrale Szenen und ihre Inszenierung

Der Film konzentriert sich auf die beiden Protagonisten, indem er sie einander gegenüber stellt, dabei Parallelen, vor allem aber Unterschiede aufzeigt. Somit ist Kontrastierung, wenngleich die Handlungsfäden immer wieder zusammenlaufen, das wesentliche Mittel dieses Films. Interessant sind die filmsprachlichen Elemente, die hierbei zum Einsatz kommen: in erster Linie der Voice-Over-Kommentar, die Wahl der Einstellungen, die Raumkomposition und die Montagetechnik, welche die Charaktere und ihre Entwicklung verbindet.

Will and Marcus (DVD chapter 1)
In der Eröffnungssequenz werden die beiden Protagonisten in ihrer jeweiligen Lebenswelt vorgestellt und kontrastiert. In Wills Appartement dominieren **Helligkeit** und **kalte Farben** (Grau und Blau) in einer Einrichtung, die zwar Hochglanz und Wohlstand signalisiert, aber insgesamt kühl wirkt. Der Fernseher, der am Anfang ins Bild kommt, rückt als jenes Medium ins Zentrum, das in der Welt des Will Freeman die Beziehung zu echten Menschen ersetzt.

Dies erweist sich auch durch den sofort einsetzenden **Voice-Over-Kommentar**, der mit dem Showmaster von "Who Wants To Be A Millionaire" in Schein-Interaktion tritt und die Quizfrage beantwortet – allerdings falsch, wodurch die scheinbare Selbstsicherheit der Figur sofort unterminiert wird. Hierzu kommentiert einer der beiden Regisseure: "We're always trying to undercut any sort of statement with irony in this film." Dominantes Mittel der Kontrastierung und Ironisierung bleibt über den gesamten Film der **Voice-Over-Kommentar**.
Auffällig ist, dass Wills Gesicht zunächst gar nicht ins Bild kommt. Die Kamera folgt ihm, ohne seine Identität zu verraten, er bleibt ein Zerrbild hinter dem Aquarium, ein Schatten an der Wand.

Die **Kamera bewegt sich gleitend** durch sein Appartement **(tracking shot)** und vermittelt in **medium shots** den Eindruck **großzügiger Räumlichkeiten in kalter Eleganz**. Wills Kommentar verstärkt diese Wirkung, während der Titelsong eine positive Grundstimmung vermittelt und sich in die Einführung des zweiten Protagonisten fortsetzt, wodurch beide Figuren verbunden werden.
Erst am Schluss der Szene ist Wills Gesicht kurz als kalte Reflexion in der Espressomaschine zu sehen. Der Zuschauer bleibt auf Distanz, denn so "cool" diese Figur auch wirken mag, bietet sie doch aufgrund ihrer Arroganz und Emotionslosigkeit zu wenig Identifikationsfläche. Will Freeman geht es einfach zu gut.

Im Kontrast hierzu steht Marcus' Lebenswelt, die durch eine **Wischblende** (wipe) ins Bild gerückt wird: **dunkel**, **eng** und alles andere als hochglänzend. Hier überwiegen **Nahaufnahmen** (close shots), da die Kamera kaum Raum zur Bewegung hat. Hier herrscht keine kühle Sterilität, hier wird ein Hamsterkäfig gesäubert. Die Einrichtung scheint zwar farbiger, verrät aber keinerlei Stil und wirkt eher unruhig, wie z.B. das Muster auf Marcus' Bettdecke.
Auch hier vermittelt der **Voice-Over-Kommentar** die entscheidenden Informationen und verstärkt zugleich die Wirkung der Bilder: Diesem Jungen geht es alles andere als gut.

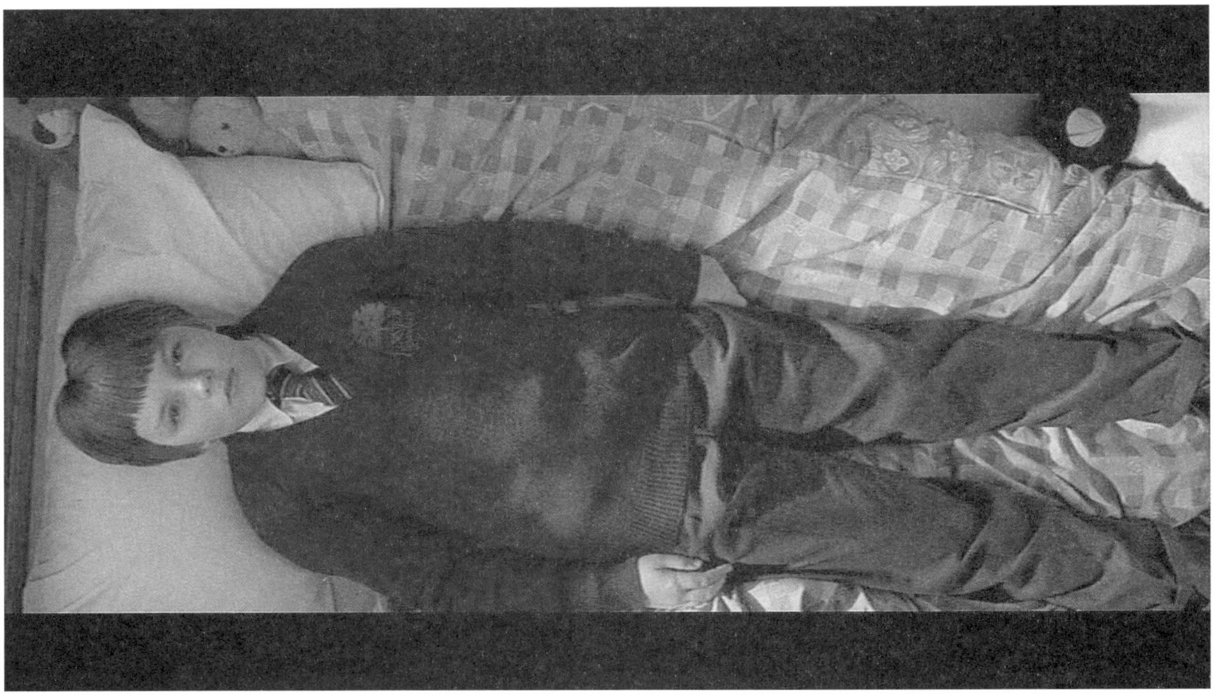

<u>Will And Angie Split Up (DVD chapter 2)</u>

Die Szene, in der sich Angie von Will trennt, ist in erster Linie aufgrund der **Montagetechnik** interessant. Während Will sich darauf vorbereitet, ihr den Laufpass zu geben, sieht er die empörten Reaktionen verschiedener Frauen aus seiner Vergangenheit vor sich. Sie sind durch **jump cuts** verbunden, die zwar die natürliche Kontinuität aufheben (und daher in Kinofilmen nur selten zum Einsatz kommen), aber die Reaktionen zu dem vernichtenden Urteil steigern: "You useless, superficial loser." Nebenbei steigern sich auch die **Farben** der Kostüme hin zu einem beißenden Mix aus Rosa und schreiendem Rot.

Ebenfalls bemerkenswert ist der Gegensatz zwischen Angies Offenheit und Wills gespieltem Bedauern. Während sie echte Tränen weint, kann er seine Freude kaum unterdrücken. Die Komik seines ständig zwischen Betroffenheit und Grinsen schwankenden **Minenspiels** wird ergänzt durch den **Voice-Over-Kommentar**, der die Erfahrung als "amazing" einordnet.

Dead Duck Day (DVD chapters 6/7)
Am Ende der Szene, in der Will den Parkwächter abwimmelt, hört Marcus plötzlich die Stimme seiner Mutter. Als er sich umdreht, sieht er sie am anderen Ufer des Sees stehen, weit entfernt in einem **long shot**. Die Annäherung an Fionas Erscheinung durch **Jump Cuts**, über **medium long** und **medium close shots**, unterstützt die irreale Wirkung der Szene.

Die Vision bereitet das Auffinden der bewusstlosen Fiona vor, das ebenfalls leicht **verfremdet** wirkt: Der große glänzende Türknauf, in dem sich Marcus' Gesicht spiegelt, der Schwenk vom Flur in das Wohnzimmer, das Schreien des Kindes, Marcus' Voice-Over ("And a new part of my life started."), die **schnellen Schnitte** (fast cuts) auf Fiona und die **nahen Einstellungen** (close shots) von Marcus' schockiertem Gesicht – all diese Elemente übertragen die traumatisierende Wirkung, die diese Szene auf Marcus hat, unmittelbar auf den Zuschauer.
Allerdings wird auch hier die **Dramatik konterkariert**, indem Will die Fahrt hinter dem Rettungswagen als "fantastic" bezeichnet. Wie auch Chris und Paul Weitz in ihrem Regiekommentar hervorheben, ist seine Aussage, so schrecklich sie klingt, im Hinblick auf die Figur und ihre Entwicklung entscheidend; hier wird deutlich, wie viel Will noch an Emotionalität und Sensibilität zu lernen hat.

Marcus Disrupts Will's Peace (DVD chapter 9)
Das Kapitel beginnt mit einigen kurzen Szenen, die Marcus bei der Verfolgung Wills zeigen und das folgende Gespräch vorbereiten, in dem überwiegend **Nahaufnahmen** (close shots) im **Schuss-Gegenschuss-Verfahren** (reverse angle shots) zum Einsatz kommen, um den Dialog zwischen beiden zu verfolgen und ihre unterschiedlichen Emotionen zu vermitteln. Will wirkt schockiert, als er Marcus vor seiner Tür sieht, dieser hingegen ist ganz ruhig und gelassen. Völlig selbstsicher bietet er Will den Deal an, sein Geheimnis (dass er gar keinen Sohn hat) zu verschweigen, wenn Will ihn bei sich fernsehen lässt, wenn er schon nicht mehr mit Fiona ausgehen möchte. Wills **Mimik** zeigt deutlich seine Verunsicherung, und er kann nur mühsam verhindern, dass Marcus seine Wohnung betritt. Als Marcus die Sprache auf seine Mutter und ihre Probleme bringt und Will erklären muss, warum er nichts damit zu tun haben will, versagen ihm die Argumente. Auf Marcus' Drohung, wieder vorbeizukommen, bleibt ihm nichts als eine alberne Grimasse und ein dummer Spruch ("Ooh, I'm really scared.").

Erneut enthüllt der anschließende **Voice-Over-Kommentar** die Wahrheit: Will hat tatsächlich Angst. Hierzu passt, dass Marcus in der folgenden Szene als alternativer "Terminator" inszeniert wird, was zugleich den ironisierenden Unterton des Films verstärkt. Aus der Sicht von Wills Haustür, aus **leichter Untersicht** (low angle), fällt der Blick auf den Bürgersteig. Die Luft flimmert wie im Western, hart klingende Rockmusik setzt ein, und Marcus wird eingeblendet.

Er lässt sich tatsächlich nicht abwimmeln, sondern erscheint wie durch Magie am Ende des Bürgersteigs und kommt in **Zeitlupe** (slow motion) näher; er stellt eine Bedrohung für Will dar, der in kontrastierender **Parallelmontage** (cross-cutting) auf seinem Sofa gezeigt wird, nicht ahnend, was auf ihn zukommt. Er bleibt statisch, während Marcus in Bewegung und auf dem Weg zu einer Veränderung ist. Die **Untersicht** verstärkt das Gefühl der Bedrohung, die von Marcus ausgeht und nun die Form eines **enervierenden Klingeltons** annimmt, der bald in unaufhörlichem **Stakkato** schrillt, passend zum Rhythmus der Musik. Parallel dazu sehen wir wieder Will, der die Lautstärke seiner teuren Stereoanlage hochdreht, aber schließlich doch aufgeben muss und Marcus hereinlässt. Die Parallelmontage ist an dieser Stelle klassisch eingesetzt: Sie zeigt Jäger und Gejagten, wenn auch in seltsam verteilten Rollen.

<u>The Fight In The Restaurant/Will Goes Against The Tide (DVD chapters 11/12)</u>
Nachdem Fiona erfahren hat, dass Marcus seine Nachmittage bei Will verbringt, suchen die beiden Will in seinem Stammrestaurant auf. In dem folgenden Streitgespräch vermittelt der **häufige Wechsel von Perspektive und Einstellung** ein deutliches Maß an Unruhe. Die **Kamera** bleibt **nah** an den Figuren, um ihre sich steigernden Emotionen zu zeigen, springt aber ständig in **reverse angle shots** zwischen ihnen hin und her, so wie ein Wort das andere gibt. Im Vordergrund stehen Will und Fiona, während Christine und die Kellnerin nur kurze Reaktionen liefern, die Fionas Vorwürfe unterstützen. Hier droht das Chaos über Wills Leben hereinzubrechen. Marcus steht zwischen den beiden Streithähnen und bleibt so lange im Hintergrund, bis die Situation zu eskalieren droht, als Will Fiona ihren Selbstmordversuch vorwerfen will. Sein **Schrei** bringt paradoxerweise ein wenig Ruhe in die Situation, so dass sich Will und Fiona hinsetzen. Hier liegt ein **Wendepunkt** der Handlung, da Fionas Absichten sich drehen: Zunächst wollte sie, dass Will ihrem Sohn fern bleibt, nun macht sie ihm klar, dass er

eine Verantwortung für Marcus hat. Erneut gibt Marcus aus dem Hintergrund den entscheidenden Impuls, als er Will zum Weihnachtsessen einlädt.
Dessen erste Reaktion wird zunächst im **Voice-Over** verbalisiert und sogleich in einem schönen Bild visualisiert: Will schwimmt auf einer Brücke gegen einen Strom von Menschen.

Das Bild hat **doppelten Symbolcharakter**: An der Oberfläche scheint es zu bestätigen, dass Will eben anders ist als alle anderen Menschen und Weihnachten lieber für sich allein feiert, mit Bier und Frankenstein-Videos, sich also lieber ausgrenzt. Allerdings ist dieses Bild auch positiv besetzt, denn gegen den Strom zu schwimmen kann auch ein Zeichen von Individualität und Stärke sein; es taugt bloß nicht als Lebensmotto. Die **Brücke** kann wiederum als **Symbol der Grenze** gesehen werden, die Will überwinden muss, um ein ausgeglichener Mensch zu werden. Wie sich am Ende des Films zeigt, gelingt ihm das tatsächlich, denn er bewahrt sich seine Individualität, sowohl im Bild der "Inselkette" als auch dadurch, dass er immer noch sein geliebtes Frankenstein-Video anschaut – nur eben nicht mehr alleine.

<u>Fight Between Will and Marcus, Will's Depression (DVD chapters 16/17)</u>
In dieser Szene kommt es zum Streit zwischen Marcus und Will, weil dieser sich weigert, Fiona wegen ihrer sich wieder verschlimmernden Depressionen zu helfen; der Grund liegt zweifellos darin, dass er sich nicht einmal selbst helfen kann. Nachdem Marcus aus der Wohnung gestürmt ist, bleibt **Will allein auf dem Sofa** zurück, **statisch** und erstarrt. Die Kamera **entfernt sich rückwärts**, geht auf Distanz.
Wieder setzt die **Wischblende** (wipe) ein, um die Wege der beiden Protagonisten einander gegenüberzustellen. Marcus wird aus der **Vogelperspektive** (bird's eye view) gezeigt, wie er über den Schulhof geht. Die **Überlagerung** (overlay), die weitere Schüler in Gruppen einblendet, unterstützt den Eindruck, dass Marcus diese nicht wirklich wahrnimmt, sie für ihn im Grunde also nicht vorhanden sind; er bleibt ohne Hilfe. Noch interessanter ist die folgende Einstellung, in der die Kamera Marcus zunächst wiederum aus der **Aufsicht** auf seinem Weg zum Schwarzen Brett **verfolgt** (high-level tracking shot) und in der folgenden Naheinstellung dann um 180 Grad **rollt** (rolling shot), um zu zeigen, wie er seinen Namen in die Liste für das Rockkonzert einträgt. Während die Weitz-Brüder in ihrem Regiekommentar meinen, hierdurch würde die Welt auf den Kopf gestellt, kann man die Wirkung der Kamerabewegung

auch genau gegenteilig sehen: Nur durch diesen Schritt kann Marcus seine Welt wieder in Ordnung bringen.
Ohne Dialog und nur von eher fröhlicher Musik untermalt bleibt auch die folgende Szene, in der Marcus seiner Mutter die Eintrittskarte für das Rockkonzert überreicht, denn die Geste spricht für sich. Wie allein Marcus sich dennoch fühlen muss, auch weil seine Mutter ihm keine Antwort geben kann, verdeutlichen die folgenden **jump cuts** (im Rhythmus der Musik), die ihn auf dem Schulhof zeigen, in Gedanken versunken, umgeben von anderen Kindern, aber trotzdem allein. Die **Kamera dreht sich um ihn**, was nur möglich ist, weil niemand in seiner Nähe ist.
Die nächste Wischblende bringt wieder Will ins Bild, der in seine "Virgin Megastore"-Welt zurückgekehrt ist. Den Rückfall unterstreicht die wiederholende Erklärung von den "units of time", in die sein Tag unterteilt sei. Die Szene wirkt wie ein Echo aus Kapitel 8, unterstreicht aber Wills Isolation: Der Gang durch den Laden wird **beschleunigt** (fast motion shot/sped-up shot), wodurch die Umwelt verschwimmt. Will ist ein Einzelgänger. Im Restaurant sitzt er wieder nur als **verzerrtes Spiegelbild**; er spielt allein Billard, im Dunkeln und weit weg von der Kamera, die konsequent auf **Distanz** bleibt und dann seinen Rücken zeigt, erneut im Spiegel. Schließlich folgt die Steigerung der Depression zur Selbstverletzung, indem Will die CD mit "Santa's Super Sleigh" einlegt und zu den verhassten Klängen zu Boden sinkt. Passend hierzu gelangt auch seine Selbstanklage an ihren Höhepunkt: "All in all, I had a very full life. It's just that... it didn't mean anything." Die kurz aufeinander folgenden **jump cuts** bilden eine Parallele zu den Bildern von Marcus auf dem Schulhof und zeigen nun Will aus verschiedenen Blickwinkel, jedoch immer in derselben Haltung: erschlafft, deprimiert, leer.

In der **Drehung der Kamera** aus der **Vogelperspektive** und durch Wills **Voice-Over** – es gebe nur eins, das ihm etwas bedeute – deutet sich die Rettung an, und dazu passend klingelt es an der Tür. Zwar wird Will enttäuscht, da dass Klingeln an der Haustür nur ein Streich war, aber immerhin holt es ihn aus seiner Apathie und bringt ihn in Bewegung. Hierbei gelangt er zu der Erkenntnis, dass Marcus das Wichtigste in seinem Leben ist, wodurch die folgende "Rettungsaktion" motiviert wird. Will hat erkannt, dass er sich nur selbst retten kann.

Backup (DVD chapter 19)

In der Schlussszene kann erneut auf die Wirkung von **Kameraeinstellung** und **Voice-Over-Kommentar** eingegangen werden. Zunächst entsteht hier der Eindruck, als sei Will wieder in seine alte Rolle verfallen: Ein **close shot** zeigt ihn allein auf seinem Sofa. Im Voice-Over verstärkt Will diesen Eindruck: "By the following Christmas things were back to normal. Every man is an island. And I stand by that." Die Einstellung lässt jedoch genügend Raum, um plötzlich Rachel zu zeigen, die sich zu ihm hinunter beugt, und kurz darauf fährt die Kamera zurück und erweitert die Einstellung zu einer **Halbnahe** (medium close shot), so dass auch Marcus und Ali ins Bild kommen.

Auch in den folgenden Einstellungen bleibt die **Kamera nah** am Geschehen, zeigt **viele Figuren aus verschiedenen Blickwinkeln** (from multiple angles) und macht auf diese Weise deutlich, dass Will und Marcus nun nicht mehr allein sind. So bildet diese letzte Szene, wie auch die Weitz-Brüder in ihrem Kommentar hervorheben, einen schönen Kontrast zur Eröffnungssequenz, in der lediglich leblose Gegenstände zu sehen waren. Marcus' Voice-Over bringt noch einmal die Botschaft des Films auf den Punkt, und ein **Standbild** (freeze frame) seines lachenden Gesichts akzentuiert das glückliche Ende.

3.5 Filmkritik

Roger Ebert: About A Boy (Ebert Rating: ***½)

Hugh Grant, who has a good line in charm, has never been more charming than in **About A Boy**. Or perhaps that's not quite what he is. Charming in the Grant stylebook refers to something he does as a conscious act, and what is remarkable here is that Grant is – well, likable. Yes, the cad has developed a heart. There are times, toward the end of the film, where he speaks sincerely and we can actually believe him.
In **About A Boy**, he plays Will, a 38-year-old bachelor who has never had a job, or a relationship that has lasted longer than two months. He is content with this lifestyle. "I was the star of the Will Show", he explains. "It was not an ensemble drama." His purpose in life is to date pretty girls. When they ask him what he does, he smiles that self-deprecating Hugh Grant smile and confesses that, well, he does – nothing. Not a single blessed thing. [...]
Will's error, or perhaps it is his salvation, is that he starts dating single mothers, thinking they will be less demanding and easier to dump than single girls. The strategy is flawed: Single mothers invariably have children, and what Will discovers is that while he would make a lousy husband, he might make a wonderful father. Of course it takes a child to teach an adult how to be a parent, and that is how Marcus (Nicholas Hoult) comes into Will's life. Will is dating a single mom named Suzie, who he meets at a support group named Single Parents, Alone Together. He shamelessly claims that his wife abandoned him and their 2-year-old son, "Ned". Suzie has a friend named Fiona (Toni Collette), whose son, Marcus, comes along one day to the park. We've already met Marcus, who is round-faced and sad-eyed and has the kind of bangs that get him teased in the school playground. His mother suffers from depression, and this has made Marcus mature and solemn beyond his years. When Fiona tries to overdose one day, Will finds himself involved in a trip to the emergency room and other events during which Marcus decides that Will belongs in his life whether Will realizes it or not.
The heart of the movie involves the relationship between Will and Marcus – who begins by shadowing Will, finds out there is no "Ned", and ends by coming over on a regular basis to watch TV. Will has had nothing but trouble with his fictional child, and now finds that a real child is an unwieldy addition to the bachelor life. Nor is Fiona a dating possibility. Marcus tried fixing them up, but they're obviously not intended for each other [...] Will finds to his horror that authentic emotions are forming. He likes Marcus. He doesn't admit this for a long time, but he's a good enough bloke to buy Marcus a pair of trendy sneakers, and to advise Fiona that since Marcus is already mocked at school, it is a bad idea, by definition, for him to sing "Killing Me Softly" at a school assembly. [...]
This plot outline, as it stands, could supply the materials for a film of complacent stupidity--a formula sitcom with one of the Culkin offspring blinking cutely. It is much more than that; it's one of the year's most entertaining films, not only because Grant is so good but because young Nicholas Hoult has a kind of appeal that cannot be faked. He isn't a conventionally cute movie child, seems old beyond his years, can never be caught in an inauthentic moment, and helps us understand why Will likes him – he likes Marcus because Marcus is so clearly in need of being liked, and so deserving of it.
The movie has been directed by the Weitz brothers, Paul and Chris, who directed "American Pie" – which was better than its countless imitators – and now give us a comedy of confidence and grace. They deserve some of the credit for this flowering of Grant's star appeal. There is a scene where Grant does a double-take when he learns that he has been dumped (usually it is the other way around). The way he handles it – the way he handles the role in general – shows how hard it is to do light romantic comedy, and how easily it comes to him. We have all the action heroes and Method script-chewers we need right now, but the Cary Grant department is understaffed, and Hugh Grant shows here that he is more than a star, he is a resource.

to have a good line in something = to be good at something
cad (n) = a man whom you cannot trust ("Schuft")
content (adj) = satisfied, happy
self-deprecating (adj) = modest
salvation (n) = "Rettung, Erlösung"
bangs (n, pl, AE) = a rather plain haircut, with your hair cut straight across your forehead ("Pony")
unwieldy (adj) = difficult to handle ("unhandlich, kompliziert")
complacent (adj) = happy with what you are or have and not trying for more ("selbstgefällig")
one of the Culkin offspring = one of the children of the Culkin family (e.g. M.Culkin in "Home Alone")
"American Pie" = a rather vulgar teenage comedy directed by Paul and Chris Weitz (1999)
credit (n) = praise
to do a double-take = to react with some delay because you are very surprised
Method script-chewers (n) = Method actors, who try to identify fully with the character they play
understaffed (adj) = without enough personnel
resource (n) = here: someone who is very able and of great value for the world of film

3.6 Aufgaben

3.6.1 Leitfragen zu den Sequenzen

Zu erwartende Antworten lassen sich Kapitel 3.3 "Synopsis und Interpretation" entnehmen.

<u>Sequence 1:</u>
Who wrote the phrase 'No man is an island.' ?
Compare the worlds Will and Marcus live in.
What is the dramatic function of Will's visit to his friends ?
What seems to be Fiona's problem ?

<u>Sequence 2:</u>
Explain Will's relationship with Angie. How does it develop, what are his intentions, and what are the consequences of their relationship ?
How are things developing for Marcus ?

<u>Sequence 3:</u>
Why does Will go to "SPAT", and how does he present himself there ?
What are the consequences of his visit to SPAT ?

<u>Sequence 4:</u>
What is Marcus's first impression of Will ?
How does Will make money ?
Why does Marcus get into trouble, and how does Will help him ?
How do you interpret Marcus's vision of his mother ?
How does he react to his mother's attempted suicide ?
Describe and explain Will's behaviour in this sequence.
What are Will's final thoughts about the "Dead Duck Day" ?
How does Marcus react when his mother comes home the next morning ?
What conclusion does he draw about life ?

<u>Sequence 5:</u>
How does Will pass his everyday life ?
What is Marcus's intention when he phones Will, and why does Will agree ?
Explain the tragicomic character of Will's meeting with Marcus and his mum.
How does Marcus manage to break down Will's barriers ?

Explain Will's reaction.
Why is Marcus a vegetarian ?
Why does Marcus go to Will's place ?
Interpret Will's vision in the supermarket.

<u>Sequence 6:</u>
How does Will try to help Marcus ? What are the consequences for Will's development ?
What is the fight in the restaurant about ?
How and why does Marcus intervene ?

<u>Sequence 7:</u>
Explain Will's spontaneous reaction to the invitation, and his final decision.
How do you interpret the presents that Marcus gets ?
What important step does Marcus take when Fiona and Suzie gang up on Will ?
What effect does the Christmas party have on Will ?

<u>Sequence 8:</u>
How does Will get involved with Rachel ?
How do Marcus and Ellie become friends ?
What does Will teach Marcus, and vice versa ?
Explain Ali's reaction to Will and Marcus.
Why does Will not tell Rachel the truth about Marcus ?

<u>Sequence 9:</u>
How do things go for Marcus ? Why does he want to sing at the concert ?
How does Will develop in this sequence, and why is his development still incomplete ?
Why is he not willing to help Marcus ?

<u>Sequence 10:</u>
What does Will realize about his life, and how does that change him ?
How can Will help himself ?
How does Will open Fiona's eyes ? What does she realize about herself and Marcus ?
Why does Marcus refuse to give up his plan to sing ?
How does his performance go, and what are the consequences for Will, Marcus and Fiona ?

<u>Sequence 11:</u>
How has life changed for Will and Marcus ?
What do they now think about the phrase 'No man is an island.' ?

conclusion:
Describe and explain the fundamental changes that Will and Marcus undergo in the film.

3.6.2 Zu den Figuren

Das folgende Arbeitsblatt dient der vertiefenden Betrachtung der Figuren und ihrer jeweiligen Lebenswelt sowie der Vorbereitung einer gründlichen Charakterisierung. Das Blatt kann laufend ergänzt und die gesammelten Informationen im Unterrichtsgespräch diskutiert werden, zunächst z.B. bis zum Ende von Sequenz 2. Hier kann eine erste Charakterisierung verfasst werden. Nachdem der Film vollständig besprochen wurde, kann die weitere Entwicklung der Figuren zum Beispiel durch die finale Leitfrage (s.o.) gesichert werden.
Ein Arbeitsblatt mit hilfreichem Vokabular zur Charakterisierung findet sich auf Seite 30.

THE PROTAGONISTS:

	Will	**Marcus**
world		
desires and intentions		
problems, conflicts		
possible solutions		

A) Make short notes on the different worlds which Will and Marcus live in (family, other relationships, living standard, job, hobbies), their desires and intentions, the problems they face, and possible solutions to resolve their conflicts.
B) Use your notes to write a characterization.

3.6.3 Zur Inszenierung

Von den in diesem Band vorgestellten Filmen ist "About A Boy" sicherlich derjenige mit der interessantesten Formsprache. Bei der Detailanalyse wird die Präsentation der Hauptfiguren im Mittelpunkt stehen, wie sie in Kapitel 3.4 anhand einiger zentraler Szenen besprochen wurde. Es empfiehlt sich, die zu besprechende Szene zunächst im Ganzen vorzuführen, erste Eindrücke zu sammeln und daraufhin durch weiteres Abspielen die filmsprachlichen Mittel und ihre Wirkungsweise herauszuarbeiten – bis hin zum einzelnen Standbild, wenn beispielsweise die Bildkomposition besondere Aufmerksamkeit verdient. Wichtig ist hierbei, die Mittel der Filmsprache nicht nur zu identifizieren, sondern in ihrer Funktion zu erklären und in das Gesamtwerk einzuordnen (zentrale Themen und Stilmittel, inhaltliche und formale Leitmotive etc.).
Eine solche Untersuchung eignet sich auch gut als Bestandteil einer Klausur, etwa mit folgenden Anweisungen:

A) Explain what led to the situation shown in this scene.
B) Summarize the scene.
C) Describe striking devices of film language used in this scene (shot, point of view, camera movement, montage etc.). Explain why and to what effect they are used.
D) Which scenes of the film do you like most, and why ?

Aufgabenteil A zielt auf eine Situierung der vorgelegten Szene, Aufgabe B verlangt eine Inhaltsangabe zur Verständnissicherung, und in Aufgabe C ist eine detaillierte Untersuchung der Formsprache vorzulegen. Aufgabenteil D gibt die Möglichkeit zur Stellungnahme.
Insbesondere zum Einstieg eignet sich die Aufgabenform **"memorable shots"**. Hierbei wird ein besonders aussagekräftiges Standbild präsentiert, dessen Betrachtung zu folgenden, variabel einzusetzenden Arbeitsschritten Anlass gibt:

- Bildeindrücke verbalisieren
- das Bild in der Filmhandlung situieren
- das Bild analysieren (Einstellung, Perspektive, Komposition, Symbolik etc.)
- Bezüge zu bereits besprochenen Szenen herstellen
- Spekulationen zur weiteren Handlung formulieren

Selbstverständlich kann die Präsentation eines Standbilds auch als Impuls dazu dienen, die Ergebnisse der letzten Stunde zu rekapitulieren.

Als "memorable shots" aus *About A Boy* eignen sich z.B.:

- Will als Schatten an der Wand (Sequenz 1)
- Marcus auf seinem Bett (Sequenz 1)
- Will hält Baby Imogen (Sequenz 1)
- Marcus und seine Mutter vor der Schule (Sequenz 1)
- Will hat mit Angie Schluss und signalisiert dem Kellner (Sequenz 2)
- Marcus bekommt auf dem Schulhof einen Ball an den Kopf (Sequenz 2)
- Will sitzt im Kreis der SPAT-Frauen (Sequenz 3)
- Will ruiniert den neu gekauften Autositz (Sequenz 3)
- Marcus hat eine Vision seiner Mutter (Sequenz 4)
- Will hört zu, wie Fiona und Marcus "Killing Me Softly" singen (Sequenz 5)
- Marcus und Will sitzen vor dem Fernseher (Sequenz 5)
- Will hat eine Vision seines Vaters (Sequenz 5)
- Fiona und Will streiten im Restaurant (Sequenz 6)

– Will schwimmt gegen den Strom, will die Einladung zum Weihnachtsessen bei den Brewers nicht annehmen (Sequenz 7)
– Marcus widerspricht seiner Mutter, weil er möchte, dass Will bleibt (Sequenz 7)
– Will und Marcus diskutieren die Liebe (Sequenz 8)
– Will gesteht Rachel, dass er sie angelogen hat (Sequenz 9)
– Will und Marcus streiten (Sequenz 9)
– Marcus meldet sich zum Konzert an (Sequenz 9)
– Will ist deprimiert und hört "Santa's Super Sleigh" (Sequenz 10)
– Marcus steht auf der Bühne und singt "Killing Me Softly" (Sequenz 10)
– Marcus, Will und Ali sitzen zusammen auf dem Sofa (Sequenz 11)

3.6.4 Zur Rezeption

Eine rezeptionsorientierte Auseinandersetzung mit dem Film kann zu verschiedenen Zeitpunkten und in steigernder Form erfolgen: vom Sammeln spontaner Eindrücke (nach der Vorführung einzelner Sequenzen oder auch des gesamten Films) über die Untersuchung von Filmkritiken bis hin zum Verfassen eigener Filmkritiken durch die Schüler. Die Analyse von Rezensionen aus Zeitungen und Magazinen gibt den Schülern zunächst die Möglichkeit, diese spezielle Textsorte kennen zu lernen. Zur Erarbeitung können folgende Arbeitsanweisungen dienen:

A) According to the author, what makes "About A Boy" the movie it is ?
B) Point out terms and phrases that give away the author's attitude towards the film.
C) What do you like or dislike about the film ?

Aufgabenteil A) zielt auf eine Überprüfung des Textverständnisses, Aufgabenteil B) auf eine Formalanalyse.
In C) bietet sich den Schülern die Möglichkeit zur freien **Stellungnahme**, die freilich keine Reproduktion der Argumente des Rezensenten, sondern eine eigenständige Auseinandersetzung mit dem Film liefern sollte. Je nach Lernstand können spezifischere Vorgaben gemacht werden wie z.B.:

Who is your favourite character ?
Which scenes did you like in particular ?
What about the movie affects you most ?

Selbstverständlich muss die Stellungnahme begründet werden.

Die in den Aufgabenteilen B) und C) herausgearbeiteten Aspekte können abschließend in der Lerngruppe gesammelt werden, etwa in Form einer Tabelle (hier mit möglichen Teilergebnissen):

positive	**negative**
– charming/believable/likeable Hugh Grant – authentic appeal of Nicholas Hoult – entertaining and graceful comedy ...	– plot outline might appear stupid/absurd ...

Diese Ergebnisse können abschließend die Grundlage für eigenständig von den Schülern verfasste *film reviews* bilden.

3.7 Vokabeln

n	noun
adj	adjective
prep	preposition
pl	plural
adv	adverb
inf	used in informal English
vulg	used in vulgar English
BE	British English
AE	American English

<u>Sequence 1: Will and Marcus</u>

John Donne	English poet and writer, 1572-1631
John Milton	English poet, 1608-1647; most famous for his epic "Paradise Lost"
John F. Kennedy	U.S. President 1961-63 (shot dead)
Jon Bon Jovi	rock singer
a load of bollocks (inf)	complete nonsense
supplies (n)	food or other things that you need
attitude (n)	the way you think or feel about something
sun-drenched (adj)	experiencing (or having experienced) a lot of sunshine
to realise	to understand or become aware of something
definitely (adv)	absolutely; used to underline a statement, e.g. when you are absolutely sure about something
Haley Joel Osment	young Hollywood actor who became popular in the movie "The Sixth Sense" by M. Night Shyamalan
to be crap at/with s.th.	to be very bad at doing something
dweller (n)	a person who lives in a particular place
mainland (n)	"Festland"
delightful (adj)	very pleasant, attractive
to get your act together (inf)	to organize your life so that you get what you want
desire (n)	the strong feeling that you want something
rather (adv)	"eher, lieber"
nappy (n)	soft thick cloth/plastic worn by babies to contain their waste; diaper
relationship (n)	"Beziehung"
disaster (n)	catastrophe
the point of your life	why you live, to what purpose
godfather (n)	"Patenonkel"
touched (adj)	feeling happy or proud because of what someone did or said to you
christening (n)	"Taufe"
to shag s.o. (inf)	to make love to someone
choice (n)	a range of options from which you can pick
hidden depth (n)	qualities that you do not realise at first sight
shallow (adj)	<-> deep

Sequence 2: Single Mums

disturbing (adj)	deeply confusing
to set s.o. up with s.o.	to arrange a date for a person with a third person
to neglect to do s.th.	to fail to do something, to forget to do something
napkin (n)	a small piece of paper or cloth which you use to protect your clothes when you are eating
to mess about with s.o.	to play with someone
disappointed (adj)	rather sad because something did not happen as expected or is not the way you expected it to be
mainly (adv)	mostly
smooth (adj)	easy, nice
rubbish (n)	here: nonsense, foolish stuff
to take to s.o.	to like someone, to respond well to someone
ankle (n)	"Knöchel"
proper (adj)	real, normal
to abandon	to leave
by comparison	"im Vergleich"
eventually (adv)	in the end
IMAX-movie (n)	a special type of movie, photographed on 65mm film and presented on a big screen in 1,43:1-format
to turn up	to show up, to arrive
to piss s.o. off	to make someone angry, mad
to be stuck	to be in a situation you cannot change but which you would like to change
to relish	to deeply enjoy
unreliable (adj)	not to be trusted
stunted (adj)	not fully developed
self-centred (adj)	only focused on what you personally need or want
superficial (adj)	"oberflächlich"
magical (adj)	"magisch"
to launch into s.th.	to start something
responsible (adj)	here: guilty; if you are responsible for something, it is your fault
to forgive s.o.	to decide not to be angry with someone although they did something wrong
amazing (adj)	great, wonderful
passionate (adj)	intense ("leidenschaftlich")
ego (n)	how you feel and think about yourself
guilt (n)	being or feeling responsible for something that you did wrong ("Schuld")
parting (n)	breaking up, saying goodbye
to break up with s.o.	to end your relationship with someone
gorgeous (adj)	fantastic
to scare	to make someone feel afraid
to figure s.th. out	to understand something
to look forward to s.th.	to be excited and happy about something that is going to happen
weird (adj)	strange

Sequence 3: SPAT

to hang out	to spend time outside your home
roaring drunk	totally drunk
troubles (n, pl)	problems
to cheat on s.o.	to betray your partner by having a relationship with someone else
2'3" (two foot three)	ca. 68 cm
obviously (adv)	clearly
neurology practice (n)	"Neurologie-Praxis" (Nervenheilkunde)
Ferrari Modena	a Ferrari car whose engine is placed in the back of the car and can be seen through the rear window
to get dumped (inf)	to be left by your partner
ex (n, inf)	ex-wife
to cope with s.th.	to deal with something successfully
to crawl	to move slowly on your hands and knees
pudgy (adj, inf)	thick
performance (n)	"Darstellung, Auftritt"
to fool s.o.	to trick someone so that they believe what you are saying
lined-up (adj)	ready to use
imaginary (adj)	made up in one's mind

Sequence 4: Dead Duck Day

Regent's Park	one of the Royal Parks and the largest outdoor sports area in London (in the northern part of Central London)
What a shame.	How sad.
merry (adj)	happy
slowcoach (n)	"lahme Schnecke"
lot (n)	people
wally (n, inf)	stupid person, idiot
to get off with s.o. (inf)	to sleep with someone, to start a sexual relationship
to pile	"stapeln"
to keep track of s.th.	"im Auge behalten, verfolgen"
the odd day (n)	a day now and then
royalties (n, pl)	the money an author, composer etc. gets when one of his products is sold
to live off s.th.	to make a living by doing or getting something
sleigh, sledge (n)	a vehicle used to travel on snow
reindeer (n)	"Rentier"
carol singers (n, pl)	people who sing (religious) Christmas songs
off-colour (adj)	slightly ill
nuts (adj, inf)	crazy
to float	here: to lie on the surface of the water, without sinking
loaf, loaves (n)	a large piece of bread
bloody (adj, inf)	damned
upset (adj)	angry, mad
shark (n)	"Hai"
to wade	to walk slowly through water
epidemic (n)	a disease which affects many people (or animals)
to beat the rap (inf)	to manage to do something

mate (n)	"Kumpel"
bloke (n)	"Typ"
decent (adj)	here: to wear enough clothes so that you will not be embarrassed by other people seeing you
horrible (adj)	very unpleasant, terrible, shocking
conscious (adj)	awake, aware of what is going on around you
to suppose	to think that something is true or likely to be true
to recover	to become well again after an illness
consent form (n)	"Einverständniserklärung"
ensemble drama (n)	a drama with more than one character
the regular (n)	the permanent character
ratings (n, pl)	"Quoten"
ultimately (adv)	in the end, eventually, finally
plot-line (n)	"Handlungsfaden"
suicide (n)	if people commit suicide, they kill themselves
to put the kettle on (n)	to start boiling water to make tea, coffee etc.
to drop off the edge (inf)	to go crazy

<u>Sequence 5: Marcus Persuades Will</u>

to consist of	"bestehen aus"
intimidating (adj)	frightening
web-based research (n)	"Webrecherche"
dishevelled (adj)	untidy
to cram s.th. in	to force something into a small place
pre-school (n)	nursery; any kind of institution to take care of children before they go to school
time-wise (adj)	with regard to time
the poor sod (n)	the poor, miserable guy
to treat s.o. (to s.th.)	here: to pay for someone's meal
to beat about the bush	"um den heißen Brei herumreden"
Islington	a part of London
barmy (adj)	weird, slightly crazy
insane (adj)	mentally ill, crazy
starter (n)	a small dish that is served before the main dish
mushroom (n)	"Pilz"
vegetarian (n)	someone who does not eat meat
tucked up in bed	lying comfortably in bed (in an upright position)
punishment (n)	to punish: to make someone suffer because they have done something wrong
charity (n)	"Wohlfahrt"
to volunteer	to do something without getting paid
Amnesty International	an international organisation, formed in 1961 by British lawyer Peter Benenson, whose goal is to promote and ensure human rights across the world
crucial (adj)	very important
struggle (n)	fight
grossly (adv)	in an unacceptable way
to abuse	to use something in a wrong way, for the wrong purpose
support (n)	help
violation (n)	here: the breaking of a right, law etc.

presence (n)	someone or something which you are aware of but cannot see
to lurk	to wait for someone or follow someone secretly
busy (adj)	if you are busy, you have so much to do that there is no spare time
to manage on your own	to be able to do something without help from others
to do s.o. a deal	to offer someone a deal
premature (adj)	happening earlier than expected
to bother s.o.	to talk to someone when they do not have any time; to annoy someone
to swear, swore, sworn	"fluchen"
pathetic (adj)	if you describe someone as pathetic, you think that they are weak, sad, incompetent
screwed up (adj)	here: unhappy
to be of value	to be important
counsellor (n)	psychiatrist
to be capable of s.th.	to be able to do something
obscenity (n)	a word or expression that is very rude because it refers to sexuality
November-the sodding-19th	November-the-damned-19th

<u>Sequence 6: Will Gets Involved</u>

Bugger off ! Piss off ! (inf)	Go away ! Get lost !
to embed	to place something into the surface of something else
skull (n)	"Schädel"
to chuck	to throw
to give s.o. a hard time	to cause someone trouble
to do s.th. on purpose	if you do something on purpose, you want to do it; you do it deliberately, not by accident
advice (n)	if you give someone advice you tell them what they should do
invisible (adj)	something that is invisible cannot be seen
headmaster/headmistress (n)	the head teacher of a school
to blend in with the crowd	to become part of the crowd so that no one notices you
to tie	"zubinden"
strappy things/velcro (n)	"Klettverschluss"
rush (n)	here: very strong feelings
a natural high (n)	a very good feeling that comes without taking drugs
quid (n, inf)	£
temporarily (adv)	for the moment
lace-ups (n, pl)	"Schnürschuhe"
trainers (n, pl)	shoes worn primarily for sports
pep talk (n, inf)	a talk that encourages someone to do something, e.g. to try harder, to win in a sports match etc.
childless (adj)	without a child
both fingers crossed	hopefully
courage (n)	it takes courage to do something dangerous
afloat (adj)	staying on the surface (instead of sinking); managing to survive
to scare	to frighten someone

to suggest	here: to hint at something; to give someone a certain idea without expressing it directly
to interfere	to influence a situation or relationship, possibly having a negative effect
uninvited (adj)	without being asked to come
to bully s.o.	to use your physical strength or power to annoy someone, frighten or hurt them
to have a clue	to understand
a lamb to the slaughter	"ein Lamm zur Schlachtbank"
daft (adj, inf)	stupid
melodramatic (adj)	your behaviour is melodramatic if you deal with a situation in a much more serious way than necessary
to settle down	here: to make new friends
miserable (adj)	very unhappy, possibly also annoying
to disturb	here: to annoy someone by interrupting their peace or privacy
to be rid of s.o.	if someone that annoyed or worried you is no longer there, you are rid of them
frankly (adv)	honestly, directly speaking
miraculously (adv)	happening against all expectations, surprisingly (in a positive way)
involved (adj)	if you are involved in a situation, you are part of it
to shut s.o. out	to keep someone from getting to you, from getting into a place

<u>Sequence 7: Will Enjoys Christmas</u>

Miss Granola Suicide	"Fräulein Müsli Selbstmord"
spawn (n)	offspring, child
to get stoned	to consume drugs
to hand it to s.o. (inf)	to admire someone
enthusiastic (adj)	very happy
truly (adv)	really
to come in handy	to be helpful
to perform	here: to do something in order to entertain someone, e.g. to play an instrument in front of an audience
Mystikal	an American rapper
slash rap (n)	rap music with sexual content
probably (adv)	if you say that something will probably happen, you expect it to happen; it is likely
to pose as s.o.	to pretend to be someone; to act as if you are someone else
to express	to put an idea or opinion into words
anger (n)	the feeling of being angry
to make s.th. up	to try to make others believe that something exists; to invent something
to gang up on s.o. (inf)	to stand together with many people against a single person in a discussion or fight
to be behaved	to behave well
argument (n)	if people discuss something because they do not agree, they have an argument, sometimes shouting at each other

nut loaf (n)	"Nussbrot"
parsnip gravy (n)	"Pastinakensauce"
inebriated (adj)	drunk
to get at s.o. (inf)	to try to make someone angry, to annoy someone
fuzzy (adj)	strange, irritating

Sequence 8: Two Boys Get A Crush

to get a crush on s.o.	to fall in love with someone
to have s.o. convinced	to make someone believe that something is true
torture (n)	the act of causing someone great pain, usually to get information from them; here: the experience of great pain
like a shot	very quickly
to take time off	to stop working to relax
honest (adj)	someone who is honest speaks the truth and does not hide anything from you
assumption (n)	if you assume something, you think it is true
at the very least	"zumindest"
self-defence (n)	the act of defending yourself
lad (n, inf)	boy
squitty (adj, inf)	tiny, baby-like (squit = "Knirps")
snot-nosed (adj)	"rotznäsig"
to take a piss (vulg)	here: to make fun of someone in a way that is insulting
to get a slap	to get hit in the face
physical (adj)	"körperlich"
to get the wrong end of the stick	to misunderstand
to boil	when a liquid boils, it becomes so hot that it turns into gas
scrap (n)	a bit, a small part
dignity (n)	"Würde"
embarrassed (adj)	ashamed, uncomfortable because of something that has happened or been said
big deal (n)	very important
mess (n)	"Durcheinander"
palm (n)	"Handinnenfläche"
I'm not sure it's up to me.	I'm not sure I have any influence on it.
serial killer (n)	a psychopath who kills several people in the same way
to be keen on s.o.	to like someone very much
to be off one's head	to be crazy
divorced (adj)	when a man and a woman are divorced, their marriage is officially ended
liar (n)	someone who does not tell the truth
to fancy	to like

Sequence 9: Will's Depression

to stalk s.o.	to follow someone secretly
celebrity (n)	someone who is famous
owner (n)	the person who owns something
to strike a deal	to make a deal
seaweed (n)	a plant that grows in the sea ("Algen, Seegras")
to suspect	to think that something is likely to be true

to give birth	to deliver a baby
straightforward (adj)	normal, easy, direct
to envy	to wish that you had the same qualities or things as someone else
to harp on about s.th.	to keep talking about something although others may find it boring or annoying
to have (got) s.th. worked out	to understand something
stepfather (n)	"Stiefvater"
to escape	to get away
imagination (n)	the ability to form ideas or pictures in your mind, to make up things in your mind that do not exist
to run riot	to go wild
cute (adj)	here: good-looking
geeky (adj, inf)	strange, unpopular
link (n)	a mental connection ("Verknüpfung")
to beat yourself up about s.th.	to have a bad time because of something
blank (adj)	empty
to equal	to be the same as
to accompany	to play an instrument while someone else sings or plays the main tune
to crucify s.o.	to nail someone to the cross
to disrupt	to disturb a situation, event, or process so that it cannot proceed without problems
to screw s.th. up	to make a mess of something
to establish	here: to find out, to make clear

<u>Sequence 10: The Concert</u>

to exercise	to do sports
to fall off the edge	to go crazy
properly (adv)	normally, in the right way
privately (adv)	not in front of other people
circle of the truth (n)	"Zirkel/Kreis der Wahrheit"
to commit suicide	to kill yourself
to be attracted to s.o.	to like someone and develop a sexual interest in them
unless (conj)	"es sei denn, ..."
to get s.th. fixed	to repair something
useless (adj)	not able to give any help
to matter	to be important
to write s.o. off	to forget about someone because they are unpopular
to be/get torn to shreds	"in Stücke gerissen werden"
a barking lunatic (n)	a totally crazy person
to notice	to become aware of/to pay attention to someone or something
to wound	to hurt, to injure
act (n)	a single performance which is part of a greater show
recorder (n)	"Blockflöte"
to drop by	to visit someone, usually without arranging a particular time
accompanist (n)	someone who plays an instrument while s.o. else sings or plays the main tune

artistic differences (n, pl)	problems between artists because they cannot agree on something
in the long term	over a longer period of time, in the future
Give it a rest.	Stop it.
petrified (adj)	turned to stone
Finsbury	a place in London, part of the Borough of Islington
on vocals	singing
to celebrate	to do something enjoyable, e.g. to have a party to show that an event or occasion is important to you

Sequence 11: Backup

to stand by s.th.	to still believe that something is true
chain (n)	a connected line, e.g. of islands, mountains etc.
below (prep)	under
surface (n)	"Oberfläche"
to be up for s.th.	to be ready to do something
desperate (adj)	if you are desperate, your are in such a bad situation that you would try anything to change it
Cheers !	"Prost !"
blender	a machine that mixes things
lazy (adj)	a lazy person is someone who does not want to work
a couple years ago	some years ago
out of the blue	suddenly
to have a shot	to have a chance

4. Fachbegriffe der Filmanalyse (Deutsch/Englisch)

Bildkomposition | **frame composition**
lenkt den Blick des Zuschauers und organisiert die Beziehung zwischen Figur und Umraum; die kompositorische Bildmitte liegt meist leicht über der tatsächlichen Bildmitte

geschlossen vs. offen | closed vs. open
wirkt der Umraum begrenzt und statisch, so dass der Blick auf die Figur gerichtet bleibt, ist die Form geschlossen; offene Bilder sind so angelegt, dass der Zuschauer auch den Umraum wahrnimmt, die Figuren geraten evtl. aus dem Blick

Anordnung von Figuren und Objekt | arrangement of characters and objects
deutet Beziehungen an, gruppiert, ordnet Figuren in Umraum ein, charakterisiert

Formen und Linien | shapes and lines
lenken Aufmerksamkeit, schaffen räumliche Wirkung, stellen Beziehungen zwischen Bildelementen her; unterstützen die Atmosphäre

gerade vs. kurvig | *straight vs. curved*
„Männlichkeit“ vs. „Weiblichkeit“

lang, horizontal vs. kurz, diagonal | *long, horizontal vs. short, diagonal*
Ruhe, Stabilität vs. Unruhe, Konflikt

von links unten nach rechts oben vs. umgekehrt | *from bottom left to top right vs. vice versa*
Hoffnung vs. Katastrophe

wenige große Flächen | few large surfaces
suggerieren Ruhe, Ausgeglichenheit

viele kleine Flächen | many small surfaces
z.B. Muster auf Kleidung, Wänden, Böden; vermitteln Unsicherheit, fehlende Stabilität

Farben | colours
auf Kontraste (hell/dunkel -> dämonisierend) und Symbolfarben achten (z.B. Rot = Blut); gedeckte, unbunte Farben (muted colours) wirken ruhig und harmonisch, auffällige Farben (striking colours) lenken die Aufmerksamkeit auf bestimmte Bildteile oder verunsichern

Licht, Lichtführung: | **light/lighting:**

Hauptlicht/Führungslicht | key light
bestimmt die Grundbeleuchtung der Szene, schafft Atmosphäre; hilft, das Bild zu strukturieren

Glanzlichter/Akzentlichter | highlighting
feine Lichtstrahlen, die besondere Details wie z.B. Augen hervorheben

Vorderlicht | frontlighting
Licht aus Richtung der Kamera; erzeugt helle Ausleuchtung, wirft keinen Schatten, Figur/Objekt wirkt "flach"

Gegenlicht | backlighting/contre-jour shot
blendet, verwäscht Details, erzeugt Unsicherheit/Bedrohung, dämonisiert; manchmal nur kurz, als Schockblendung

Seitenlicht/Halblicht | half light
von der Seite einfallendes Licht, oft aus unsichtbarer Lichtquelle; verstärkt die räumliche Wirkung, leuchtet Raum aber nicht komplett aus; wirkt unheimlich; erzeugt starken seitlichen Schatten

Unterlicht | below light
Licht kommt von unten, wirkt bei Beleuchtung einer Figur bzw. eines Gesichts dämonisierend

Normalstil	normal key
normale Beleuchtung, Tageslicht, alle Details sind erkennbar	

High-Key-Lichtstil	high key lighting style
starke Ausleuchtung, helles Sonnenlicht, viele helle Töne; meist glückliche Stimmung, Hoffnung	

Low-Key-Lichtstil	low key lighting style
wenig/kaum Ausleuchtung; Dominanz von Schatten und dunklen Tönen; düstere Atmosphäre, Bedrohung	

Einstellung:	**shot:**
beschreibt die Größe des abgebildeten Menschen oder Objekts im Verhältnis zum Gesamtbild; der Wechsel der Einstellung ist das entscheidende strukturierende, die Aufmerksamkeit lenkende Element im Film	

weite Einstellungen	long shots
etablieren Atmosphäre; Zuschauer hält Distanz zu Figur und Handlung, bleibt neutral, behält Überblick; kann Informationen in Ruhe aufnehmen	

nahe Einstellungen	close shots
bewirken Konzentration auf Dialog und einzelne Handlung; erzeugen Nähe zu Figur und Handlung; zwingt Betrachter, sich auf Figur zu zu bewegen, leitet Identifikation mit Figur ein oder erzeugt Abwehrreaktion (Sympathie, Antipathie)	

Anfangseinstellung	establishing shot
Einstellung zu Beginn einer Sequenz, die Überblick über Ort, Situation und Figuren verschafft; üblicherweise eine -> Panorama-Einstellung oder -> Totale	

Weit/Panorama | extreme long shot

viel Landschaft, Figuren kaum oder nicht sichtbar, Gebäude aus weiter Entfernung (mind. etwa halber Kilometer); gibt Überblick über Schauplatz, etabliert Atmosphäre, bereitet Handlung vor -> Anfangseinstellung/establishing shot

Totale | long shot

Szenerie/großer Raum mit allen wichtigen Elementen; Mensch untergeordnet; bereitet oft Handlung vor

Halbtotale	medium long shot/full shot

zeigt Figur ganz (full), d.h. von Kopf bis Fuß unter Einbezug des Umraums; für Kompositionen, die Figurenkonstellationen (in kleineren Gruppen) und Mensch-Raum-Beziehungen zeigen; auch für Aktionen mit Körpereinsatz (z.B. Verfolgung, Kämpfe)

Halbnah	medium shot/medium close shot

in der Regel ist die Figur etwa vom Knie oder der Hüfte an aufwärts zu sehen; die Halbnahe beschränkt sich oft auf eine Figur und zeigt diese in einer bestimmten Situation, da die Dekoration erkennbar bleibt; auch bei Dialogen, wobei die Dialogpartner im Profil zu sehen sind (dann auch one-shot, two-shot etc. genannt)

Amerikanisch	American/medium shot

Spielart der Halbnahen, aus dem Western entwickelt: zeigt Figur etwa vom Oberschenkel an aufwärts; betont Körperhaltung oder Gestik und damit meist eine bevorstehende Handlung; dient somit dem Spannungsaufbau

Nah	close shot/medium close-up

zeigt Körper etwa von Mitte Oberkörper an aufwärts; betont Mimik und Gestik, z.B. im Dialog

Groß	close-up/head and shoulder close-up

zeigt Kopf und Hals (evtl. mit Teil der Schultern), betont Mimik und Emotionen; charakterisiert, verstärkt Identifikation oder Ablehnung

Detail	detail shot, extreme close-up/choker close-up

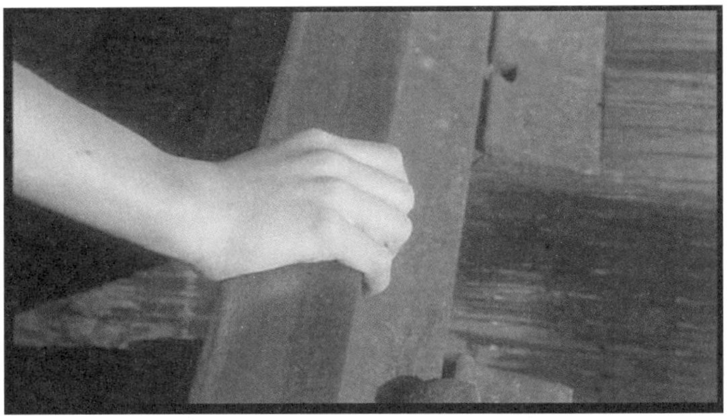

zeigt Ausschnitt aus Gesicht, Körperteile, kleinere Objekte oder Objektteile; besondere Betonung einer Emotion, einzelnen Handlung, Detailinformation

Kameraperspektive:	**(camera) angle:**
Standpunkt der Kamera in Bezug auf das von ihr Abgebildete; interpretiert Geschehen, beeinflusst Verhältnis des Zuschauers zu Figuren/Objekten/Handlung; ordnet Werte zu, erzeugt Hierarchien; erhöht Spannung	

Normalsicht	eye-level shot/straight-on angle

auf Augenhöhe der Figuren

Aufsicht/Vogelperspektive/Luftaufnahme	high angle shot/bird's-eye view/aerial shot

von erhöhtem Standpunkt aus: Überblick über Geschehen, Kontrolle; Figuren wirken klein, eventuell unterlegen, bedroht (z.B. in weiter Landschaft)

Untersicht/Froschperspektive	low angle shot/worm's eye view

Abgebildetes wirkt größer, evtl. bedrohlich

subjektive Kamera | point-of-view (POV) shot/subjective camera

Kamera aus der Sicht einer der Figuren; verstärkt Teilnahme des Zuschauers, erhöht die Einfühlung in die Situation und dadurch die Spannung

Über-Schulter | over-the-shoulder shot

zeigt Figur aus der Position eines Dritten, der leicht hinter und neben der Figur steht

Schuss-Gegenschuss-Verfahren | reverse angle shots
zeigt eine Person oder einen Gegenstand von der – im Gegensatz zur vorigen Einstellung – gegenüberliegenden Seite, zum Beispiel abwechselnd die Partner eines Dialogs

Kamerabewegung: | **camera movement:**
erzeugt körperlich erlebbaren Effekt, bezieht Zuschauer in Handlung ein; induzierte Spannung durch sinnliche Überwältigung des Zuschauers; oft kombiniert mit Figurenbewegung

Horizontalschwenk | pan/panning shot
Kamerablick schwenkt auf horizontaler Ebene; verfolgt Bewegung der Figur, zeigt ihre Umgebung, macht auf andere Figuren aufmerksam

Vertikalschwenk/Neigen | tilt/tilting shot
Kamerablick schwenkt nach unten oder oben, z.B. um eine Figur Stück für Stück zu präsentieren und bestimmte Körperteile, Kleidung etc. zu betonen

Reißschwenk/Wischer | swish pan/whip pan
so schneller Schwenk, dass das Bild während des Schwenks verwischt

Rollen | roll/rolling shot
Standpunkt bleibt unverändert, Kamera kippt/rollt mit oder gegen den Uhrzeigersinn um die Blickachse; selten, da verwirrend

Kamerafahrt/-flug | tracking shot/travelling shot
Kamera bewegt sich per Steadicam oder auf Kamerawagen (Dolly), Schienen (Track), Kran (crane), Auto, Hubschrauber etc.; dient dazu, sich bewegende Figuren oder Objekte im Blick zu halten, zu verfolgen, ihnen entgegenzukommen, um sie herumzufahren, vor ihnen zurückzuweichen; vermittelt besondere Dynamik, die dem Zuschauer das Gefühl gibt, sich selbst zu bewegen; verstärkt so die Teilnahme am Geschehen, ermöglicht sinnliche Überwältigung des Zuschauers; verleiht Gefühl der übermenschlichen Freiheit durch großräumige, z.T. flugähnliche Bewegung außerhalb menschlicher Möglichkeiten

Schärfe: | focus:

Schärfenbereich | depth of field
der Bereich, in dem das Bild scharf ist

Schärfentiefe vs. geringe Schärfentiefe | deep focus vs. shallow focus
das Bild ist vom Vorder- bis in den Hintergrund scharf oder nur in einem begrenzten Bereich; dient als (recht grobes) Mittel der Akzentuierung

Schärfenverlagerung/Fokussieren | rack focusing
der Schärfenbereich wird zwischen Hinter- und Vordergrund verlagert, dadurch Betonung des geschärften Bereichs

Weichzeichner | soft focus
erzeugt ein weiches, träumerisches Bild; betont und verwäscht Lichtquellen

Montage/Schnitt: | montage/editing:

(einfacher) Schnitt | (simple) cut
Umschaltung zwischen einem Bild zum nächsten ohne Übergang

Straight Cut | straight cut
Schnitt zwischen zwei Einstellungen, der sich an die natürliche Abfolge der Geschehnisse hält, d.h. die zeitliche und räumliche Kontinuität aufrechterhält bzw. eine solche suggeriert

Jump Cut | jump cut
Jump Cuts zeigen eine Handlung nur in Ausschnitten und heben so die zeitliche oder räumliche Kontinuität auf

Match Cut | match cut
Verbindung zweier Szenen durch visuelle, akustische oder inhaltlich-strukturelle Parallelen; der wohl berühmteste Match Cut ist der Schnitt vom fliegenden Knochen zur Raumstation in Kubricks "2001: A Space Odyssey"

Mehrfachbild | split screen
das Bild ist in mehrere Teilbilder aufgeteilt, die zugleich verschiedene Aktionen oder eine Aktion aus verschiedenen Perspektiven zeigen; z.B. bei Telefonaten

Rückblende | flashback
meist zeitlich begrenzte Einblendung einer Figur oder Handlung, oft zur Jetzt-Handlung kontrastiert, z.B. durch Überblendung oder Gestaltung in Schwarz-Weiß; eher selten, da der Wirkung des real ablaufenden Geschehens zuwiderlaufend

Vorausschau | flash-forward
Einstellung oder Szene, die einen Blick in die Zukunft zeigt; sehr selten

Überblendung | dissolve/cross-fade
Kombination von Auf- und Abblendung, durch die alte und neue Einstellung graduell ineinander übergehen; veranschaulicht häufig zeitlichen oder räumlichen Abstand zwischen Einstellungen

Aufblende | fade-in
allmähliche Einblendung des Bilds

Abblende | fade-out
allmähliche Ausblendung des Bilds

Wischblende	wipe
die alte Einstellung wird von der neuen aus dem Bild "gewischt"	

Iris-Blende	iris in, iris out
das kreisförmige Ausblenden bzw. Einblenden des Bildes	

Schärfenblende	focus in, focus out
das Bild wird am Beginn bzw. Ende einer Schnittsequenz allmählich scharf bzw. unscharf	

Parallelmontage/Kreuzschnitt	cross-cutting/parallel montage
Zusammenschnitt zweier (oder mehrerer) simultan ablaufender Handlungen, z.B. durch Hin- und Herschalten zwischen Jäger und Gejagtem bei einer Verfolgungsjagd; vermittelt dem Zuschauer den Eindruck, an mehreren Orten gleichzeitig zu sein; dynamisiert, erhöht Spannung	

Einblendung	insert
kurze Einblendung, die eine für die Handlung wichtige Information liefert; typisch: während eine Bombe entschärft wird, sieht man mehrfach die ablaufende Zeitschaltuhr der Zündung	

visuelle Effekte:	**visual effects:**

Zeitlupe	slow motion/slomo
betont Geschehen durch Brechung des natürlichen Ablaufs; dramatisiert, verdeutlicht Details	

Standbild	freeze frame
überdeutliche Betonung; wirkt oft verfremdend	

Zeitraffer	fast motion/time-lapse
dynamisiert Handlungen, verzerrt, verwirrt	

Überlagerung	superimposition/overlay
die Überlagerung zweier Bilder bzw. Filmsequenzen	

Blue Screen	blue screen
eine Handlung wird vor blauem Hintergrund aufgenommen und dieser schließlich durch einen anderen, gefilmten, gezeichneten oder computergenerierten Hintergrund ersetzt	

Computeranimation	computer-generated imaging (CGI)
die Animation mit Hilfe des Computers; zur Erzeugung belebter Hintergründe, Schauplätze oder Figuren	

Morphen	morphing
Computereffekt, bei dem sich z.B. ein Gesicht in ein anderes verwandelt, während der Rest der Einstellung bestehen bleibt	

Geräusche, Geräuscheffekte	**sound/noise, sound effects**

Hintergrundgeräusche	background noise
unterstützen Atmosphäre, erzeugen bzw. unterstützen oft Realismus	

Symbolgeräusche	symbolic sounds
z.B. Donnergrollen für Bedrohung, Vogelgezwitscher für Idylle	

verbindende Geräusche/Motivgeräusche	connecting sounds
Geräusche als verbindende Klammern zwischen Bildern bzw. Bildsequenzen	

synchron *vs.* asynchron	synchronous *vs.* asynchronous
Quelle im Bild sichtbar vs. nicht im Bild sichtbar	

diegetisch *vs.* nicht-diegetisch	diegetic *vs.* non-diegetic
Geräusche aus der Filmwelt vs. nicht aus der Filmwelt kommend (z.B. Filmmusik)	

Einblendung/Ausblendung	fade-in/fade-out
Ton beginnt sehr leise und wird langsam laut bzw. klingt allmählich aus	

Musik, Soundtrack:	**music, score, soundtrack:**

Begleitmusik	incidental music
hauptsächlich instrumental; akustischer Rahmen; versieht Bilder mit emotionaler Qualität, verstärkt die durch die Bilder hervorgerufenen Stimmungen; vom Zuschauer meist nicht bewusst wahrgenommen, dann auch am wirksamsten; durch Herausbildung von Mustern bzw. akustischen "Tableaus" wird der Zuschauer unbewusst beeinflusst	

tonal *vs.* atonal	tonal *vs.* atonal
tonal (= an Klangzentrum ausgerichtet) wirkt normal, stimmt Zuschauer auf Bilder ein und verringert Distanz des Zuschauers zum Geschehen; atonal (= vom Klangzentrum wegbewegend, die Regeln der Harmonielehre nicht beachtend) wirkt unnormal, verstört Zuschauer, schafft Distanz	

konsonant *vs.* dissonant	consonant *vs.* dissonant
streng genommen ist diese Unterscheidung nur bei tonaler Musik möglich, da atonale Musik kein Klangzentrum hat und daher auch keine Abweichung von einem solchen Zentrum existieren kann bzw. keine Bezüge und Verwandtschaften zwischen einzelnen Klängen vorliegen; Konsonanz (= Zusammenklang klangverwandter Töne) wirkt harmonisch, gelöst, suggeriert Ruhe; Dissonanz (= Zusammenklang nicht klangverwandter Töne) bewirkt Anspannung, strebt nach Auflösung; erzeugt dadurch Spannung, Dramatik, Unruhe	

Instrumentierung/Instrumentation	instrumentation
z.B. Streicher für Romantik oder Angst, Trommeln für Dynamik, Fanfare als Signal	

Tonhöhe	pitch

Tondauer	duration

Lautstärke	volume

Klangfarbe	tone colour

Leitmotiv	leitmotif/leitmotiv
akustisch verbindende Klammer zwischen Bildern, Bildsequenzen, Figuren und Handlungen	

Songs	songs
häufig als Emotionsspitzen sowie Mittel zur Vermarktung des Films	

Darstellung:	**performance:**
elementares Mittel der filmischen Erzählung; starker Einfluss durch Wirkung des Darstellers (Geschlecht, Alter, Physiognomie, Mimik, Gestik, Sprechweise, Charisma, Sex-Appeal etc.) und Darstellungsweise	

Darstellungsweise	mode of performance
bestimmt die Kategorien der Darstellung wie -> Sprechen, Mimik, Gestik und Bewegung	

kohärent/ganzheitlich	coherent
das Bemühen, die Darstellung als zusammenhängenden Ablauf erscheinen zu lassen (auch wenn sie aus separat gefilmten Einstellungen/Takes zusammengesetzt ist)	

authentisch/mimetisch, intensiv	authentic/mimetic, intense
möglichst täuschend echte Nachahmung der Wirklichkeit; der Darsteller versucht, echte Gefühle überzeugend nachzuahmen; vermittelt dem Zuschauer die Illusion, einem real ablaufenden Geschehen beizuwohnen; Emotionen werden gerade so intensiv gespielt, dass sie den Zuschauer fesseln, aber nicht auf die Darstellung selbst aufmerksam machen	

Method Acting	Method Acting
das von Stanislawski und Straßberg entwickelte "Method Acting" zielt auf größtmögliche Authentizität der Darstellung: der Darsteller versetzt sich bestmöglich in die Situation der von ihm gespielten Figur und durchlebt deren Gefühle, statt sie nur nachzuahmen bzw. zu spielen	

extensiv/übertrieben | extensive/exaggerated
überspitzte, ausladende, pathetische Darstellung, die nicht mehr realistisch wirkt und damit die Illusion der Authentizität des Geschehens zerstört

verfremdend | alienating
der Darsteller macht bewusst, dass er nur eine Rolle spielt, um zum distanzierten Beobachten und kritischen Nachdenken anzuregen (vgl. Brechts Episches Theater)

Sprechweise | way of speaking
vermittelt in erster Linie Stimmung und Haltung der Figur; charakterisiert Figur indirekt auch bzgl. Herkunft, Intellekt und Bildungsstand (Artikulation, Akzentuierung, Dialekt)

Mimik und Gestik, Körpersprache | facial expressions and gestures, body language
belebt die Darstellung; unterstützt die Wirkung des Sprechens bzw. des gesprochenen Textes und die darin vermittelte Verfassung und Intention; oder läuft ihr zuwider und erzeugt Zweifel am Gesagten

Sprache und Text: | **spoken and written text:**
hier unter Ton- und Bildaspekt gesehen, d.h. zusätzlich zu bekannten Kriterien wie Wortwahl, sprachlichen Stilmitteln, Dialekt, Soziolekt etc.

Dialog | dialogue
der gesprochene Text

on *vs.* off | on *vs.* off
Sprecher im Bild vs. Sprecher nicht im Bild

Erzählerkommentar | voice-over
nicht sichtbarer Sprecher kommentiert das Geschehen; meist im Rückblick, unterläuft die (scheinbare) Objektivität des Bildes, beeinflusst die Wahrnehmung des Zuschauers; selten

Stimmeffekte | vocal effects
Hall, Dämpfung, Verzerrungen, verstärken oder verfremden

Vor- und Nachspann | credits
liefern im Vorspann die wichtigsten und im Nachspann die kompletten Produktionsdaten

Zwischentitel | title link/title card
strukturiert Handlung, suggeriert Ordnung, Authentizität des Geschehens

Texteinblendung | text insert
liefert meist Informationen über Ort und Zeit der Handlung, unterstützt Realismus, suggeriert Authentizität

Untertitel | captions/subtitles
liefern den Text bzw. die Übersetzung des gesprochenen Textes

Dramaturgie: | **dramatic structure:**

Akt | act
die größten Einheiten, in die sich eine Filmhandlung gliedern lässt; abgegrenzt durch -> Plot Points

Sequenz | sequence
die kürzeren und zeitlich/räumlich/inhaltlich zusammenhängenden Einheiten, die einen Akt konstituieren

Szene | scene
mehrere Einstellungen, die sich in einem abgeschlossenen und relativ kurzen Zeitabschnitt sowie an einem begrenzten Ort abspielen

Plot/Haupthandlung	plot
der zentrale Handlungsstrang, der mit der Auslösung des zentralen Konflikts beginnt und mit dessen Auflösung endet; er thematisiert die Auseinandersetzung des Protagonisten mit dem Antagonisten bzw. der antagonistischen Kraft und konzentriert sich dabei auf die Darstellung von Handlungen	

Plot Point/Handlungswendepunkt	plot point
wirft eine Frage auf, deren Beantwortung sich oft über mehrere weitere Wendepunkte hinaus erstreckt; wendet die Handlung in eine neue Richtung, z.B. weil der Protagonist das bisherige Teilziel erreicht oder nicht erreicht hat; bringt häufig einen Wechsel von Schauplatz und Zeit mit sich; es folgt eine Ruhephase, nach der die Spannung höher steigt als zuvor	

Subplot/Nebenhandlung	subplot
ein Handlungsstrang, der kürzer ist als der Hauptplot (z.B. früher endet) und dessen Ausgang weniger folgenreich für die Handlung ist; meist thematisiert ein Subplot die Beziehung des Protagonisten zu Nebenfiguren	

Exposition	exposition
stellt die Welt vor, in der die Geschichte spielt; liefert grundlegende Informationen über Figuren, Ort und Zeit der Handlung, so dass der Zuschauer den Konflikt verstehen kann; beantwortet die dringendsten Fragen, die ein Zuschauer stellt, um der Filmhandlung folgen zu können	

Hook	hook
Szene oder Sequenz am Beginn des Films, die den Zuschauer emotional besonders stark anspricht und an den Film bzw. den Protagonisten bindet; weckt zugleich Erwartungen in Bezug auf den weiteren Verlauf der Handlung und ihren Ausgang, die der populäre Film weitestmöglich erfüllen soll	

Angriffspunkt/Point of Attack	point of attack
das Ereignis, das den Protagonisten vor das zentrale Problem stellt und dadurch den zentralen Konflikt auslöst	

Höhepunkt	climax
der kausale Höhepunkt liegt prinzipiell dort, wo das zentrale Problem gelöst wird; meist ist allerdings der Moment gemeint, in dem der intensivste Kampf zwischen Protagonist und Antagonist stattfindet; im Mainstream-Film fallen diese Momente zusammen	

5. Popular Film Structure: The Hero's Journey

Popular movies are usually built in three acts which basically represent three steps in the development of a "hero":

Act I: the hero's decision to act, his separation from the "ordinary" world
Act II: the action, his transition into the "special" world
Act III: the consequences of the action, his return to the "ordinary" world

As Joseph Campbell and Christopher Vogler discovered, popular stories such as myths, fairy tales, as well as modern films follow a typical pattern called "The Hero's Journey". This journey consists of several stages:

1. Ordinary World: Limited Awareness of a Problem
The story begins with the hero being unaware – or only scarcely aware – of the problem that will initiate the central conflict. Most films start by showing the hero in his "Ordinary World" as a contrast to the "Special World" which he must enter later on the journey. Usually, the hero is an average person, often even an outsider, who at this point does not show special qualities or heroic behaviour of any kind. It is the development of his hidden qualities that constitutes the backbone of any popular story.

2. Call to Adventure: Increased Awareness
In his Ordinary World, the hero suddenly faces a problem and is challenged to undertake an adventure. Quite often, the Ordinary World faces a threat which can only be averted by someone brave enough to enter the Special World. At this point, the story is initiated but does not yet begin.

3. Refusal of the Call: Reluctance to Change
As the conflict which the hero is facing can only be resolved in the Special World of which he has no knowledge yet, the hero does not commit himself to the adventure without reluctance. He is unsure of himself, doubtful, filled with fear. He is facing the biggest challenge of all: he must overcome his own fears.

4. Meeting with the Mentor: Overcoming Reluctance
What the hero needs are two things: personal motivation and confidence. The latter is usually installed by the archetype of the "mentor", a wise man who explains the rules of the Special World and teaches the hero in the qualities needed to survive there, to resolve the central conflict, and to overcome the antagonist. The mentor may also give the hero objects that will be of help in the Special World: a map, a key, a weapon (in the first *Star Wars* movie, Luke Skywalker is given his father's lightsabre, which has been kept by the mentor, Obi-Wan Kenobi). The hero-mentor relationship symbolizes the relationship between child and parent, man and God.

5. Crossing the First Threshold: Committing to Change
The hero still needs extra motivation to start the journey: the central problem must become personal to him. Some kind of catastrophe shakes the Ordinary World *and* the personal world of the hero: Mostly, someone the hero loves dies or is in danger of dying, or is captured and taken to the Special World.
Now fully motivated, the hero crosses the First Threshold to the Special World. The adventure begins, the hero (with companions, sometimes including the mentor) sets off to the first location in the Special World.

6. Tests, Allies, Enemies: Experimenting with First Change
The first "stage" of the journey into the Special World gives a hint of what lies ahead. The hero faces the first tests, he must learn to tell allies from enemies, make new friends, and avoid being captured by the representatives of the antagonistic force. In this world, false moves are punished harshly (in *Star Wars*, when Luke Skywalker enters a bar in the spaceport Mos Eisley, he unintentionally insults an alien and is only saved by his mentor Obi-Wan.) The hero must learn the rules of the Special World and develop new qualities to survive there. His adaptation to this world marks the beginning of change in the hero.

7. Approach to the Inmost Cave: Preparing for Big Change
On the road of adventure the hero travels towards one goal: He must reach and enter the Inmost Cave, the lion's den, the antagonist's lair. This is where he eventually must win the prize, save the princess, face his worst fears and battle with the antagonist. To get there, the hero and his team must pass tricks and traps which are put up by guardians of the Inmost Cave. Now the newly acquired qualities start paying off. The stakes get higher with every step the hero and his team take towards the Inmost Cave; eventually, violence may have to be used. There may even be losses. Once the Inmost Cave has been entered, there is no turning back.

8. The Supreme Ordeal: Attempting Big Change
The Inmost Cave is always a place of mortal danger for the hero. In its structure, it often resembles a labyrinth: the hero must find the way to its centre to meet and confront his fear – the antagonistic force. It usually takes shape in the most frightening and dangerous of enemies (e.g. Darth Vader in *Star Wars*). It may also be a force of nature (e.g. a tornado) which seems to be acting like a sentient being. The antagonistic force is the incarnation of the hero's greatest fears, and now the time has come to fight these fears. It is a fight of life and death; not the deciding final battle, but often the moment when hero and antagonist fight their closest fight (the crisis, not the climax).
At this point, the hero often dies a symbolical death. In its weaker form, in the ordeal the hero must witness the death of a loved one, often the mentor (in *Star Wars*, Luke watches as Obi-Wan is killed by Darth Vader without being able to help him). The hero does not achieve final victory because the antagonist is not yet defeated, but the hero wins the prize (e.g. Princess Leia) and can make his way out of his enemy's claws. By surviving this ordeal the hero is reborn as a new and stronger being. Without this experience he would never be able to win the final battle (stage 11). The "big change" in the hero has begun – but it is not yet complete.

9. Reward: Consequences of the Attempt (Improvements and Setbacks)
This is often a time of rest and relaxation (also for the audience). Having escaped from the Inmost Cave, the hero and his team (what is left of it) prepare for the last stages of the journey: their way back. As a reward for the Ordeal, the hero has won the prize which may restore order in the Ordinary World. It is a time of temporary relief and joy, perhaps a love scene. The hero has gained honour and respect; his companions now recognise him as a person with extraordinary qualities, as a hero in the very sense of the word – marking his initiation into the realm of true heroes.

10. The Road Back: Rededication to Change
The hero now faces the final challenge of completing his task: he must take what he has won in the Special World back to the Ordinary World. This is not easy for two reasons: First, the hero may not be willing to return to the Ordinary World for fear of losing his newly acquired respect, of once again becoming the average person or outsider he was. Secondly, the road back from the Inmost Cave is at least as difficult as the approach. As the enemy has not been

finally defeated, he comes after the hero to win back the prize and take revenge, slowing the hero down on his way back. In the end, the hero will be forced to turn around and face the final battle.

11. Resurrection: Final Attempt at Big Change

The hero can only achieve final, fundamental change by facing the antagonistic force and bringing it down. The hero must not be allowed to "slip" back to the Ordinary World before his development is complete. He must confront his worst fear for one last time and defeat it forever. It may even be necessary to destroy the Inmost Cave once and for all to restore peace and order in the Ordinary World (in *Star Wars*, the most destructive weapon of the enemy, the "Death Star", must eventually be destroyed).

Often time is running out at this point, and *everything* is at stake now – this is the battle which decides not only about life and death for the hero, but about life and death for everyone. In a good story, the hero is not only changed on a physical level by fighting his bravest battle – there is a change *within* him that finally turns certain defeat into unexpected victory. There are always sacrifices to be made: comrades, a loved one, or simply the hero's innocence. Only by overcoming this last ordeal the final and biggest change in the hero is achieved. He is the one who turns the battle and delivers the killing blow against the antagonist. By using his new qualities to perfection, he masters the final problem. His change becomes obvious because he can now do what he could not have done at the beginning of the story.

12. Return with the Elixir: Final Mastery of the Problem

Finally, when victory has been achieved, the hero returns with his prize and "heals" the Ordinary World. Thus he receives respect, honours, a medal; if there was a romantic (sub)plot, he also gets the girl (or, in case of a heroine, the boy). In the end, the hero has undergone fundamental change along these three stages:

1. enthusiasm = visited by a "god", touched by a god-like power (Act I)
2. apotheosis = becoming a "god", acquiring the god-like power (Act II)
3. epiphany = being recognised as a "god", having mastered the god-like power (Act III)

Sometimes a last revelation surprises the audience. Laughter and joy bring final relief, and the hero is acknowledged as a true hero. The journey is completed.

Question:

To what extent does the movie at hand follow the pattern of the "hero's journey" ? Are there any variations ?

Please consider that the "hero's journey" is only a basic principle, a metaphor of the conflict and development that the protagonist goes through. You may not find all the elements of the "journey" in a movie. The conflict between the hero and the antagonist (or antagonistic force) may not even be a physical conflict at all, but only a psychological one.

6. Weiterführende Literatur

Zu Filmen im Unterricht:

Jens Hildebrand: Film: Ratgeber für Lehrer. Aulis, Köln 2001.

Zur filmischen Dramaturgie:

Christopher Vogler: The Writer's Journey: Mythic Structure for Writers. Pan Books, London 1998[2].

Joseph Campbell: Der Heros in tausend Gestalten. Insel Taschenbuch, Frankfurt 1999.

Zur Film- und Fernseherziehung allgemein:

Jan-Uwe Rogge: Kinder können fernsehen. Rowohlt Taschenbuch Verlag, Reinbek 1999.

Dank

Mein Dank gilt meiner Frau Jutta und meinem Kollegen Hans-Hermann Sigglow für die freundliche Durchsicht des Manuskripts.